# 上智

周庄 著

台海出版社

图书在版编目（CIP）数据

上智 / 周庄著. -- 北京：台海出版社, 2024.11.
ISBN 978-7-5168-4031-3

Ⅰ.C934-49

中国国家版本馆CIP数据核字第2024F54H29号

## 上智

| 著　　者：周　庄 |
| --- |

责任编辑：赵旭雯
封面设计：末末美书

出版发行：台海出版社
地　　址：北京市东城区景山东街20号　邮政编码：100009
电　　话：010-64041652（发行、邮购）
传　　真：010-84045799（总编室）
网　　址：www.taimeng.org.cn/thcbs/default.htm
E-mail：thcbs@126.com

经　　销：全国各地新华书店
印　　刷：天津市新科印刷有限公司
本书如有破损、缺页、装订错误，请与本社联系调换

开　　本：710毫米×1000毫米　1/16
字　　数：150千字　　　　　印　张：12.5
版　　次：2024年11月第1版　印　次：2024年11月第1次印刷
书　　号：ISBN 978-7-5168-4031-3

定　　价：59.80元

版权所有　翻印必究

# 前言

上智，是令人拍案叫绝的智慧与谋略。

也许，在没有机缘运用该智谋时，它只是非常普通的一个谋略而已，甚至有的还会被轻视。然而，当它最适合于某个重要场合时，它就成了独一无二的"英雄"。

中华民族是充满了智慧的民族，中国人也是非常善于使用谋略的群体。一部漫长的中华民族发展史，就是一部智慧谋略的创造史和实践史。有无数聪慧的先人，为思奇谋、想良策而绞尽脑汁，又有许多仁人志士为了一个个妙计的付诸实施而鞠躬尽瘁，英勇献身。在历史的长河里，无时无处不闪烁着人类智慧的火花。从战天斗地、赢得生存，到国家治理、权利争夺；从统军作战、克敌制胜，到发展经济、振兴产业……

智者，生存智慧也。

要获得幸福生活，是需要智慧的。而要在竞争激烈、纷繁复杂的社会里脱颖而出，更需要有

## 上智

高超的大智慧。大智慧者，即是"上智"也。

明朝大学者冯梦龙先生说：智谋没有固定的格局，以恰好事物符合其格局的为上智。

所以，愚人偶然也会有一得之见，而智者反而会有千虑之失。为什么呢？因为上智是由无意之中合乎自然而得，而不是只靠百思千虑所能达到的。

在运用智谋的时候，别人从小处入手，我则从大处着眼；别人从近处看，我则从远处看；别人越是躁动事情搞得越纷乱，我则冷静沉着而事态反而自归正常；别人遇事束手无策，我则处理问题得心应手，绰绰有余。正因为如此，对于上智者来说，再难的事情也会变得容易，再大的事情也会变成区区小事。他运筹谋划于不被觉察、毫无显像的微妙之处，而他的举动，则出乎人们意料之外。或者先抵触而后顺合，或者似相反而实相顺。当他从容自得的时候，连豪杰都对之疑惑，而一旦做出决断，连圣人都无法改变。

智慧如此，难道不是上智吗？

在我们的生活中，在我们的身边，有的人活得滋润，有的人活得潇洒，有的人活得坦然，有的人活得安详，有的人活得快乐，有的人活得从容……其实，是智慧谋略在他们的生活操履中得到了淋漓尽致的发挥。

智慧是一种能力，它体现为价值上的是非判断。哗众取宠的雕虫小技、不择手段的损人利己、丧失人格的苟且偷生等都不应视为智慧。真正的智慧源自人性深处，它是生命的精华，是人生的大彻大悟，是以良知和道德信仰为底线，在创造健康而美好的生活时所表现出来的精神力量。

我们所应该学习和实践的智慧，应从这一层面上去拓展和提炼。而这，亦为真正的"上智"。

希望自己具有深谋远虑的本领，期盼获得胜人一筹的智慧，无论是血气方刚的青年还是年过半百的长者，对此都是梦寐以求。达此目的的根本途径是学习、实践、总结、提高。而后是再学习、再实践的循环往复，不断实现新的飞跃。

知识只有转化为智慧才有价值，智慧比知识更重要，"智慧就是财富"。然而，当我们进一步研究时就会发现，智与谋仍有一定的距离。过人的智慧只有转化为实用的策略才有意义，须知，见多才能智广，足智方能多谋。

周　庄

## 目 录

01 / 韬光养晦　－ 001

02 / 卖关子　－ 010

03 / 红脸白脸唱双簧　－ 019

04 / 下台阶·打圆场·要识相　－ 023

05 / 寒暄　－ 032

06 / 巧辩·诡辩　－ 036

07 / 戴高帽　－ 055

08 / 两难选择　－ 058

09 / 踢皮球　－ 065

10 / 小骂大帮忙　－ 068

11 / 委婉·潜台词　－ 070

12 / 因人施言·相机而行　－ 078

13 / 圈套 — 085

14 / 热处理·冷处理·不处理 — 093

15 / 巧应变 — 100

16 / 顺水推舟·逆水推舟 — 115

17 / 激将 — 122

18 / 顺耳·逆耳 — 130

19 / 虚虚实实 — 138

20 / 自嘲 — 152

21 / 自己人·动情 — 156

22 / 鞭辟入里 — 162

23 / 打比方 — 167

24 / 先发制人·后发制人 — 170

25 / 阴谋·阳谋 — 175

26 / 下马威 — 180

27 / 换汤不换药 — 185

# 01 韬光养晦

韬光养晦，往往又被简单地用作"韬晦"，意思是销声匿迹，不自我炫耀暴露。韬晦一词出自《景德传灯录》："属会昌废教，反服韬晦。"《资治通鉴》中也有这样的记载："上在藩，多务韬晦，及即位，破高平之寇，人始服其英武。"韬的本意是弓袋子，有进去的意思；晦是黑暗、隐晦之意。

韬光养晦是一种防身之术，是有意地隐藏自己的才能和意图，以避免他人的注意和猜忌的策略。韬晦，常常被作为一种谋略，并有着独特的规律和要求。

俗话说："树大招风，风要摧之；功高盖主，祸将及之。"在日常生活中，一个人过多地显露自己的才华和志向，往往会带来许多意想不到的麻烦。所以，在封建社会的官场斗争中，韬光养晦常常是一种免灾去祸的防身术。在当今社会的一些商业往来中，韬光养晦仍然具有其一定的存在价值。

上智

掩饰锋芒的韬光养晦。东汉末年，曹操欺君罔上，刘备、董承决心"共聚十义，以图国贼"。从此，刘备就开始韬光养晦，在后院种菜，并亲自浇园灌地。

待到青梅成熟时节，某日，曹操邀请刘备一起煮酒畅饮。酒兴正酣时，忽然阴云漫漫，骤雨将至。曹操的兴致极高，借着酒兴劈头就问："天下当世谁是英雄？"刘备分别举出了袁术、袁绍、刘表、孙策、刘璋等人，曹操不以为然，一一否定。刘备说，我实在不知道还有谁能称得上是英雄了。曹操也不再逼问，他说出自己评论英雄的标准："夫英雄者，胸怀大志，腹有良谋，有包藏宇宙之机，吞吐天地之志者也。"并说："今天下英雄，唯使君与操耳！"刘备闻言大吃一惊，以为自己的韬晦之计已被识破，"手中所执匙箸，不觉落于地下"。此时，正好雷声大作，天雨将至，刘备趁机俯首拾箸，假装从容地掩饰说："一震之威，乃至于此。"刘备又说："连圣人遇到迅雷烈风都变色，何况我刘备呢？"此后，曹操就不怀疑刘备了。

刘备的失态实为心虚所致，他害怕自己的韬晦被曹操识破，然而刘备临危不惊的才能令他能从容应变、巧妙掩饰，从而消除了曹操对自己的怀疑。对此，有诗赞美他："勉从虎穴暂趋身，说破英雄惊煞人。巧借闻雷来掩饰，随机应变信如神。"

在工作中，有些事情不需要人人都知道。对于不该自己知道的事情就不要表现出你知道得很多，如果别人知道你知道很多事情，他便会对你存有戒心，那事情就有可能对你很不利。

这天，魏公子与魏王正在下棋，忽然从边关传来了消息："赵国军队大举进犯，已经进入边界了。"魏王当时就放下了棋子，想马上召集众位大臣商量对策。这时，魏公子劝阻魏王说："这是赵王去田野里打猎，并不是要来进攻魏国的。"

魏王大惊，问道："公子，您怎么知道他们是在打猎呢？"

魏公子说："我在赵国安排了许多搜集情报的人，只要赵王有所举动，他们就会前来报告。"

只是，魏公子知道的太多了，像这样的人，魏王怎么能够放心呢？从此，魏王时常提防魏公子，再也不让他参与国政了。

魏公子的情报准确及时，甚至连赵王打猎的事也知道，实在是个人物。但是魏公子对魏王来说，却是个危险因素，在魏王看来，魏公子能如此洞察赵王一举一动，他会不会反过来控制我呢？魏公子知道的事情太多，懂得的事情也很多，但在韬光养晦上他却懂得太少了。

谨防功高盖主。树大招风，在封建社会里，功臣历来为当权者所忌，因而也须有韬光养晦之策略。

汉朝时，吕后用萧何的计策杀了韩信，汉高祖刘邦得知消息时，韩信已死。于是汉高祖拜萧何为相国，赐封五千户。

大家都来向萧何祝贺，只有陈平前来吊唁。陈平对萧何说："您的灾祸从此就开始了，皇上在外面作战，而您只是在关内守卫。您没有冒矢石之难，却得到了加封，这可不是宠您啊！淮阴侯韩信谋反被杀，皇上必定对您存有疑心，希望您能辞让所封之物不受，把您的家财全部支援给军队。"萧何听从了陈平的意见，刘邦果然大喜。

又有一次，黥布谋反，汉高祖亲自带军队去攻打，同时几次问使者："萧何在干什么？"使者说："为了支持皇上带兵打仗，萧何慰勉百姓，并拿出家中所有的财产来支援军队。"

于是又有人告诫萧何说："您离灭族不远了，您位至相国，功劳第一，不能再加封了。您到关中十多年了，深得民心。皇上几次询问您的情况，是顾虑您会权倾关中。您不如多买些田地，用放高利贷来损坏自己的形象，皇上才会对您放心。"萧何听从了这个人的计策。高祖打完仗后回京，百姓们拦路控诉萧何，刘邦听后反而很高兴。

**去掉对方戒心的韬光养晦。**从事要职的人，想要站稳脚跟，就必须注意消除上司对你的戒备。

战国时期，秦国攻打楚国，派王翦率60万兵马出征，秦王亲自送王翦至灞上。王翦在出征前，多次向秦王提出封地的要求。秦王答道："将军走就是了，等打了胜仗，这些东西还会少了你的吗？"王翦傻乎乎地说："作为大王的将领，功劳大也不过是封侯，我这也是为了子孙们呀！"秦王听后大笑。王翦到了边关后，还多次派使者还朝提出要得到良田的请求。

有人对王翦说："将军的请求未免太过分了。"王翦说："不对，今天秦王把秦国的兵士几乎全都交给了我，我若不多次请求封得田地园宅，难道让秦王怀疑我吗？"

王翦是个颇有心计的人，他之所以多次要求赐封，是要在秦王面前表示自己没有野心，因此，王翦越是求秦王赐封，秦王对他也就越放心，越没有戒心。

**逆境中的韬光养晦。**蜀汉被灭后，刘禅被带到魏国首都洛阳。

司马昭赐给他一万户食邑，封为安乐侯，日子过得非常安逸。有一天，刘禅到司马昭官邸答谢，司马昭设宴款待他，宴会中有人穿着蜀服奏蜀乐，跳蜀舞助兴。见此，刘禅的随从们不禁黯然神伤，只有刘禅镇定自若，依然喝酒取乐。司马昭看到这种情形，十分惊奇地说："你难道一点也不想念蜀国吗？"刘禅说："我在这里生活得很舒服，乐不思蜀。"

刘禅的"乐不思蜀"是韬光养晦之策，面对宴饮中的蜀乐舞，随从数人伤神，而刘禅却表现出惊人的自制力，镇定地喝酒，不为所动，这是他在用韬晦计。

**故作糊涂的韬光养晦。** 故作糊涂，首先是作为政治上的一种韬晦术，其次是作为斗争的一种策略。生活中常有这种事情，糊涂人能干表面上清醒的人不能干的事，如果你故作糊涂，让对方信以为真，就能在面临窘境时出奇制胜。

有深沉之思，然后有变通之略，装出愚蠢糊涂的样子，有时往往是有大谋大略的人之所为。

明太祖洪武中期，郭德成当上了"骁骑指挥"的官。有一次到了皇宫内室，皇上以黄金二锭装进了他的袖口中，附耳说："你只管回去，不要声张。"郭德成恭敬地答应了。

明太祖朱元璋是个猜忌心极强的人，对此郭德成心有所防。等到他出宫时，便装作喝醉，一会儿穿靴子，一会儿脱靴子，反复几次后，就把明太祖放在他袖中的金子掉在了地上。太监见到了立即报告明太祖，明太祖说："这是我赐给他的。"

有人不解郭德成之意，郭德成解释说："宫中看门人管理得如此严密，藏金而去，不等于偷窃吗？况且我妹妹在宫中侍奉皇上，我出入这么随便，怎么知道皇上不是试探呢？"郭德成的一席话令大家十分信服。

明太祖赐金，却置在郭德成的袖中叫他不要张扬，这种赐金，实为试探，郭德成为骁骑指挥，有随便出入宫廷的权力，其妹又在宫中侍奉皇帝，他如果带金出宫，明太祖便会怀疑他经常这样做。郭德成看清了明太祖的用意，借酒醉装糊涂，脱鞋时掉出金子。因而装糊涂常常被用作政治上的韬晦之计，有高深之思的人才能有如此精明的应变之略。所以大智若愚绝非故意做作，而是迫于形势的应变之策。

装糊涂式的韬光养晦，往往有以下几招常用的智谋。

**其一，明捧实打**。明末清初，著名的少年英雄夏完淳在一次抗清武装斗争中不幸被捕，担负审讯的洪承畴原是明朝官员，因在与清兵交战时被俘，投降了清兵。

审讯时，洪承畴以长者的口吻假惺惺地劝导说："你这孩子懂得什么造反，还不是被那些叛乱之徒给拉了去，你要是肯归降，可就前途无量了。"

夏完淳料定此人就是洪承畴，真想把他大骂一顿，可他灵机一动，决定嘲弄一下这个叛徒。他说："人各有志，我虽年轻，却有自己的志向。我一向很仰慕本朝的洪承畴先生，决心做一个像他那样的英雄，焉能投降！"

洪承畴不知是计，心中高兴，却故意追问："你仰慕洪承畴？"

夏完淳装出无限感慨的样子说："是啊，洪老先生是本朝的一位人杰，先生在关外和清兵血战松山、杏山一带，最后弹尽粮绝，不肯投降，坚贞不屈，英勇就义了。当他阵亡的噩耗传来，全朝为之震动，先帝也曾经为之垂涕，悲哀不已。这样的忠臣难道不值得仰慕吗？"

洪承畴面红耳赤、不知所措。旁边的随从忙替他解围，对夏完淳说："你不要胡言乱语，堂上坐的就是洪大人。"

夏完淳一听，立刻声色俱厉地指着洪承畴驳斥道："胡说！洪老先生早已为国捐躯，天下谁人不知。你竟敢冒充洪先生，人人得而诛之！"

夏完淳对洪承畴的背叛行为进行了无情的痛斥，洪承畴无奈，只得把夏完淳押下去，审讯以失败而告终。洪承畴审问夏完淳应该说是站在主动地位，但由于夏完淳的巧妙策略，洪承畴变得非常被动。

**其二，化解窘境。**巧妙地运用装糊涂的策略，有时能化解窘境。古时候有个叫彭玉麟的官员，有一次他经过一条偏僻的小巷，一个女子正用竹竿晾衣服，一失手，竹竿正好打在他的头上。那女子一看，是彭玉麟，知道大事不好，但她急中生智，正色地说："看你这个样子，像行伍里的人，所以这样蛮横无理，你可知道彭官保（彭玉麟的官职）就在这里，他清正廉明，假如我去告诉他老人家，怕要砍你的脑袋呢！"

彭玉麟一听她夸奖自己，马上转怒为喜，乐滋滋地走了。

这个女子给彭玉麟戴了很多高帽子，赞美他清正廉明，得以化解窘境。这种做法，无疑表现了她对彭玉麟的高度崇仰，足以去掉彭玉麟被竹竿砸头的怒气，他的心里得到了补偿。但这仅是做戏，如果不装糊涂，即使如此吹捧他，也绝不会收到这样的效果。

**其三，装醉吐真言。**有些事敢怒不敢言，但你装醉的话，却能一吐而尽，达到意想不到的效果。

故作糊涂要有明确的目的，用拙，不是为拙而拙，拙是一种手段，是达到预定目的的一种阶梯，忘却了这个目的，那就是真糊涂了。

**其四，以恭言卑辞麻痹对方的韬光养晦。**以谦卑之辞制敌，以骄其心，从而麻痹对方，引起对方判断的失误，借以达到自己预期的目的。

卑辞策略是用拙术之一，是韬光养晦的又一种表现形式，是兵家取胜之术，是大智大谋之人常守之术。《孙子兵法》曰："兵者，诡道也。故能而示之不能，用而示之不用，近而示之远，远而示之近，乱而取之，实而备之，强而避之，怒而挠之，卑而骄之，佚而劳之，亲而离之。攻其无备，出其不意，此兵家之胜，不可先传也。"《百战奇法·骄战》云："凡敌人强盛，未能必取，须当卑辞厚礼，以骄其志，俟其有间可乘，而后破之。"

一方的胜利，往往是以另一方的失误为前提。卑辞策略，谦卑怯弱，意以乱其心，夺其志，能而示之不能，动而示之不动，让敌人看不起自己，疏忽懈怠。敌人骄心日生，即麻痹大意。而我方则积蓄力量，伺机行动。这便是卑辞策略的规律所在。

卑辞误敌，其关键在于能瞒天过海，蒙蔽对方。这就需要装得像，不能引起对方一点怀疑。

不过卑辞策略的得逞，更主要在于中计一方的主观原因，三国时期，吕蒙、陆逊袭击荆州，一方面是东吴将拙术用到了家，另一方面在于关羽的骄狂，关羽七淹襄樊，擒于禁，斩庞德，威名大震，华夏皆惊,曹操甚至考虑过迁都。然而胜而生骄,骄而轻敌。东吴以陆逊为将,代吕蒙守陆口,关羽不知是计,"无复有忧江东之意"。关羽的失败是必然的。

# 02 卖关子

善于卖关子者，往往能把对方的胃口吊足，直到如饥似渴的程度，再以售其"图"。

"卖关子"，乃文学艺术用语也，通常是指说书人在说长篇故事时，说到重要关节处往往会停下来，借以吸引听众接着听下去所采用的一种方法。"卖关子"是激发对方需求的一种高明的智慧与策略。

无论是政治较量、军事战争、商业竞争还是体育竞技，说到底都是一场心理战，而其中最重要的便是激发需求。需求是人们对满足个人生活和从事社会活动所需条件的渴求和力求进行的心理趋势，是激励人去行动并达到一定目的的内驱力。美国的演说家、谈判高手尼尔伦伯格认为："预测需求和满足需求，是我们要讨论的谈判方法和核心问题。""谈判的每一方，都有其希望得到满足的各种直接的和间接的需求。考虑到对方的需求，谈判就可能取得成功，忽视这些需求，把谈判当作一场一方全赢、一方全输的象棋比赛，其结果往往是双方都将遭到失败。"尼尔伦伯格谈及的"需求"在谈判中的价值，同样也适用于竞争的所有范围。

例如，为了说服对方，一些外交家、谈判家不仅重视注意发现对方的需求，满足对方的需求，而且还善于激发对方的需求，卖关子，把对方的胃口吊足，然后再表明自己的目的。我们先来看看范雎是如何"卖关子"的。

秦国丞相范雎，是"远交近攻"外交谋略的提出者和执行者，由于他的外交谋略，使得秦国在外交上、军事上连连获胜。范雎原来只是魏国大夫须贾的家臣，后来因间谍嫌疑而被捕，逃出监狱后投奔秦国的王稽。然而，此时的范雎虽有文韬武略，却始终无法谒见秦昭王。但是，作为出色的谋略家，范雎运用自己的智慧，终于脱颖而出。其中，他采用的就是"卖关子"的方法。

范雎上书给秦昭王，他的奏章中大部分没有什么重要内容，只是卖了个关子："至于其他深入的问题，我也不敢直接写在书面上……我希望您无论如何都要听听我的意见，我的话完全是为您着想的。"

那时的秦昭王，虽然在位30多年，但事实上他只是个傀儡，一切大事要事都由宣太后和叔父穰侯裁决。对此，秦昭王心有不甘，但又无可奈何。此时，当秦昭王看到了范雎的上书，就像漂浮在茫茫大海中突然发现了一艘过往的轮船一样，他立刻要召见范雎。

不过，这均在范雎的掌控之中。秦昭王越是急于召见范雎，范雎越是卖关子，当然还有对安全方面的考虑。

范雎前去拜见秦昭王。来到离宫外，他便假装迷路似的走进了离宫，这当然会遭到侍卫的阻拦："回去，秦王就在宫里，不准随便进入。"范雎说:"秦国有大王吗?不是只有太后和穰侯吗?"秦昭王在屋里也听到了范雎的话,于是他急忙招范雎进去,非常诚恳地说:"其实,我早就想和先生见面了,只是因为忙于解决义渠国的问题,而且必须早晚向太后请示,这才拖延至今……请先生赐教。"

秦昭王越是急于求教,范雎越是显得不慌不忙。他先是示意秦昭王屏退左右,然后只说了两个字:"是,是。"便沉默了。

不久,秦昭王再次请教范雎,范雎仍然只是回答:"是,是。"接着又是沉默,如此反复三次。

秦昭王被范雎吊胃口吊得有些按捺不住了,便再三急迫地请求道:"有何赐教,请先生明示。"

范雎这才真正地回答秦昭王的垂询。他从外交到内政,最后谈到肃清宣太后和穰侯势力的问题。从此范雎得到了秦昭王的重用,他提出的建议也常常为秦昭王所采纳。

需求的驱动力与需求的重要与否有关,又与需求的激发程度的大小有关。倘若有需求,但并不把它激发出来,内驱力仍然等于零,范雎接受秦昭王的垂询,先是揭示需求,接下来却含而不宣,足足吊了秦昭王三次胃口。这样卖关子,真把秦昭王的胃口吊起来了,直到如饥似渴的程度,范雎这才侃侃而谈,难怪秦昭王日后对范雎言听计从。

悬念原指文学术语,是欣赏戏剧、电影或其他文艺作品时,对故事和人物命运的一种关切心情,设置好的悬念,能引人入胜,增强文章的感染力。

卖关子作为一种具有较高智慧的"推销"手法,确实非常值得我们学习。卖关子，往往有两种手法比较常用，一种是悬念法，另一种是解扣法。

悬念法，是一种引起对方关注的心理策略，是常用的"卖关子"的手法之一。在运用悬念法这种卖关子技巧时，运用者往往会先故意设置矛盾和疑团，引起对方的关切，从而使对方尽快地满足自己的要求。

悬念法这一卖关子的策略，其最大的价值在于能牵制对方的思想和心理。所谓的牵制，一方面是指对方的心理活动能指向和集中在自己的目的和意图上，另一方面是能使其离开其他对象。

心理学认为，注意是心理活动对一定对象的指向和集中。指向性和集中性是注意的两个特点。所谓指向性是指某一瞬间，把心理活动有选择地指向一定的对象而且离开其他对象。所谓集中性，就是把心理活动贯注在某一事物，也就是说，注意不仅要有选择地指向某一事物，而且要全副精力地应对某一事物，使活动不断地深入下去。这样，我们对某一事物的审查和探究才能取得预想的成果，从而做到彻底、完全、深刻地认识事物。

心理学证明，只有牵制住对方的心理和思想，才能为说服对方打下基础。这是"卖关子"这一智谋能发挥巨大作用的理论基础。

我们来看看靖郭君的一位门客是如何运用悬念法来卖关子，从而实现自己劝阻靖郭君的目的的。

靖郭君田婴是齐威王的小儿子，他要在自己的封地薛城修筑城墙，这种举动不仅无益，而且有害，门客们十分担心，纷纷劝谏，但靖郭君听腻了，便对传达官说："你不要替门客通报。"

有位门客准备劝说，但又无法通报，怎么办呢？于是他让传达官向靖郭君通报："我求见靖郭君，只要讲三个字就行了。如果我多说一个字，愿受烹刑！"

靖郭君感到很奇怪：三个字能讲些什么？而且他信誓旦旦地表示多说一个字就愿意受到烹刑。于是，靖郭君便请他进来。

那门客快步走上前去说道："鱼，大海！"说完转身就跑。靖郭君感到奇怪，急忙叫住门客，说："什么呀，你说清楚些。"

门客说："下官不敢以自己的性命为儿戏！"

靖郭君说："没关系，你接着说吧！"

门客这才回答："您听说过海里的大鱼吗？渔网不能捕住它，钩子不能钓住它。但是它一旦离开水落在陆地上，那么就连蝼蚁也会得意扬扬地欺负它。今天的齐国，也是您的大海之水，如果您能长久地得到齐国的庇护，何需在薛地筑城？如果失去了齐国的保护，即使把薛城加高到天上去也是毫无用处的。"

靖郭君听了之后，恍然大悟，说："我明白了。"于是决定取消修筑薛城的计划。

门客欲说服靖郭君，其难度在于，他不但要把修筑薛城的危害讲透，而且还必须要消除靖郭君的心理障碍，这就必须首先把他的注意力吸引过来，避开原来的对立情绪，使之对自己的说明目的有"指向性和集中性"。

这位门客设置悬念的办法显然十分奏效。他说完三个字后转身就走，给靖郭君卖了一个非常高明的"关子"，因为他的这种反常的举动引起了靖郭君的注意，从而牵制住他的心理活动和思想。待卖关子起到了良好效果后，靖郭君自然会很好奇门客接下来会讲些什么。于是，门客便以海和鱼的关系说明筑城没有必要，生动形象，一举说服了靖郭君。由此，设置悬念的卖关子手法的威力可见一斑。

悬念要能奏效，给人以深刻的印象，就必须把悬念设置得强烈、新奇、对比明显，只有制造出足以耸动对方的听闻，才会引起他的高度重视。

强烈，是指悬念给人的印象力度大，而非蜻蜓点水，一带而过，注意力的集中性和指向性与受悬念刺激的强度有关。

北宋年间，益王赵元杰在王府中造假山，花费了银子几百万两。造成之后，便邀请宾客同僚尽兴饮酒，一起观赏假山，大家都酒酣耳热，兴致勃勃，唯独姚坦低头沉思，他对假山连看也不看，这引起了益王的注意。益王强迫他看，姚坦这才抬起头来，说："我只看见了血山，哪来的假山啊。"

益王大吃一惊，连忙问其原因，姚坦说："我在乡村时，亲眼看见州县衙门催逼赋税，抓捕人家的父子兄弟，送到县里鞭打，此假山皆是用民众的赋税造起来的，不是血山又是什么呢？"这时，宋太宗也在兴造假山，但听了姚坦的话后，很快就把假山给拆掉了。

在这个故事中，姚坦在说理之前，首先是设置了悬念。他先是在大家都在观赏假山时，自己却连看也不看，这不仅是与众不同，而且是对益王泼上一盆冷水；接着，他就用耸人听闻的话，把假山说成是血山。姚坦的悬念刺激性大，容易引起强烈的效果，因此，收到了很好的说服效果。

新奇，是指悬念要设置得有效果，卖关子必须新颖别致，与众不同，这样才能牵动别人的心。

某个客栈的老板被谋杀了，县令查了好几天，依然没有一点进展，于是，他想出了一个办法。他把客栈的伙计全部带到衙门里审问，然后又把他们放回去，只留下了一个女堂客，接着加以询问，而这些审问全是些鸡毛蒜皮的事，直到天黑才把她放了回去。等她走后，县令又派人跟踪。女堂客回家不久，一个汉子就鬼鬼祟祟地溜了进去。

第二天，县令又把所有的伙计都叫来审问，审问完了，他又留下那个女堂客继续询问，直到天黑再把她放回去。

接连三天，都是如此。

第四天，县令命人逮捕了那个汉子，经审问，客栈老板果然是他杀的。

在设置悬念时要对比明显，这样，在明显的变化之下，才能引起别人的注意。

唐太宗有一次上朝后回到后宫，怒气冲冲地对长孙皇后说："我一定要杀死这个乡巴佬！"长孙皇后问："是谁？"

太宗说："魏征总是在朝廷上羞辱我。"长孙皇后听了，没说什么，进寝宫换好朝服，然后恭恭敬敬地站在庭院当中。太宗惊异地问她这样做的原因，长孙皇后说："我听说，君主英明，大臣就忠直，今天魏征直言劝谏，这是因为陛下圣明啊。我怎能不向陛下祝贺呢？"太宗一听，转怒为喜。

长孙皇后在说理之前，设置了一个悬念，一是换上朝衣，二是恭敬地站在庭院中，这种明显的行为对比变化，竟然使唐太宗大吃一惊，这就为下面说理打下了基础。

设置悬念，因人而异很重要。要卖好关子，设置好悬念，不但要从悬念的本身着手，使之强烈、新奇，对比明显，而且还要注意劝说对象的自身素质，注意他的精神、思想、兴趣、需求、知识面等，劝说的对象不同，设置的悬念也要各异，否则很难取得最佳效果。

要卖好关子，还有一种常用的手法叫"解扣法"。

解扣是一种比喻的说法。在日常生活中，我们脱衣服时，只有解开纽扣，才能脱下，因而纽扣是脱衣服的关键。做思想工作就和脱衣要解扣一样，必须抓住对方产生思想情绪的根子，进行说服，有的放矢地进行心理疏导。

"扣"，是事物的关键、事物的主要矛盾，关键矛盾，也就是人们常说的关键问题。它是能够影响甚至决定全局的矛盾，解决了这一矛盾便能加速事物发展的进程或改变事物内部矛盾的格局。

"扣"，兵家称之为"眼"；"解扣"，兵书称之为"点眼术"。"眼"就是"腰眼"，即事物的关节点或要害部位。要说服对方，就必须抓住对方产生思想情绪的主要矛盾，抓住关节点，这样才能把对方思想上的扣解开。

**第一，解扣可从全局高度引导。**

很多人犯错误的根本原因，就是没有从全局高度来考虑问题，因而带有片面性。如果能从全局的高度来启发、开导，就能具有很大的说服力，就能轻松地解开思想上的扣子。

**第二，解扣要启发对方从多方面考虑问题。**

很多时候，扣的存在是因为对方思考问题太过片面。如果能够从全局出发，剖析对方意见的片面性以及不良后果，引导对方意识到自己的错误，就能实现解扣。

**第三，解扣要了解对方的个性。**

解思想上的扣子，要了解对方，因人施教。想要将思想工作做到实处，说得对方心悦诚服，重点就在于要了解对方产生错误的心理根源。解扣，就要先从对方产生思想错误的根源入手，这样的说服不仅亲切感人，而且说服力大。

**第四，解扣要平易近人。**

在很多人的认知里，能够指出错误已经算是"仁至义尽"了。但是，这样的"发指示""做决定"往往很难让人接受。解扣，不仅要让对方明白自己错在哪里，还要通过此事有所提高，真正做到让对方既知其然又知其所以然。

这种平易近人的态度，有利于双方的情感交流，也有利于思考能力的提高。

综上所述，我们欲运用好"卖关子"这一智谋，就一定要处理好"揭"和"吊"的关系。

所谓"揭"，就是先揭示需求，使对方了解需求，明白需求的重要性。接下来就要"吊"，吊到对方如饥似渴的程度，这样内驱力就被充分激发出来了。

## 03 红脸白脸唱双簧

很多人都懂得如何运用谋略去赢得谈判。其中，流传久远的策略之一，叫作唱双簧。而且，有很多古人都懂得如何扮演红脸白脸。

在谈判之中，在说服别人时，若预先精心谋划，然后一个扮红脸，一个扮白脸，互相配合，往往能出奇制胜。

双簧，曲艺的一种，一人表演动作，一人藏在背后或说或唱，互相配合。后来，双簧经常是对一方出面，一方背后操纵的活动的形容。这种方法常常作为一种策略，两个或两个以上的人，一个扮红脸，一个扮白脸，互相配合，互相借力，以此来说服对方，赢得预设目标。

双簧策略往往是精心安排的"一台戏"，事先经过筹划，再分角色"演唱"。"双簧戏"上演时，一个来硬的，一个使软的；一个在言理上下功夫，一个在动情上下功夫；一个正面出击，一个旁敲侧击；一个强攻，一个软磨；对方在白脸红脸的夹攻之下，其防线往往会全面崩溃。

## 上智

红脸白脸相辅相成,能收到巧妙的说服效果,如果以白脸衬托红脸,有时也能起到巧妙的说服作用。唐太宗临死前为了替儿子唐高宗安排一个忠臣,就扮了一次白脸,把忠于自己的贤臣李勣贬到边远地区去,又吩咐儿子在即位后把李勣召回京城予以重用,唐高宗即位后立即召回李勣,并加以重用。唐太宗的白脸为唐高宗做了铺垫,李勣十分感激唐高宗,尽忠尽职,成为他的股肱之臣。

唱双簧这一谋略,在说服那些思想顽固的人的时候通常能起到非常大的作用。例如,在生活中,经验丰富的调解人员经常使用红脸白脸唱双簧的策略。

在做思想工作中,采用红脸白脸的唱双簧策略,往往可以收到较好的效果。

班主任张老师曾与派出所的马警官一起用这种办法,挽救了一名失足少年。袁光是张老师班里的学生,名声一直不好,因为他从小就爱小偷小摸的。一天,他邻居家的自行车和手表失窃了,邻居怀疑是袁光偷的。派出所马警官身穿警服,来到学校,十分严肃地问袁光:"叫什么名字?昨天下午两点半上哪儿去了?为什么不上课?"又对他说:"我们已经掌握了情况,之所以还来找你,主要是给你一个机会。你们学校的白小飞为什么被处罚,不光是由于他的罪行,更是由于他恶劣的不争取宽大处理的态度。"

最后马警官对袁光说:"你今天先在老师的办公室里考虑一个上午,下午我们再来找你。"

马警官走后,张老师马上来找袁光谈心:"你看,派出所的马警官为什么来学校找你?他是真的想要挽救你啊!你父母离婚,你妈为了养活你,晚上还要替别人缝衣服,你这样做,对得起你妈妈吗？现在你别急于把你做的坏事告诉我，先仔细想想，想通了，想明白了，再告诉我。我并不是要抓你的把柄。若要人不知，除非己莫为。我现在要的是你的真心，要真正地改过自新，而不是假的。要是我们真的想把你抓起来，现在我们就不会浪费时间来跟你谈啦。我有50多个学生，在你身上下了那么多功夫，这是为什么呀？目的就是要你真正地改正错误。当然，你可以对不起我，但是你绝对不能对不起生你养你、为你操心的妈妈啊。"

张老师的一席话，使袁光感动得热泪盈眶。袁光终于交代了偷窃自行车、手表的事，并决心改过自新，重新做人。

派出所的马警官和班主任张老师从不同侧面向袁光展开攻心战。马警官身着警服，义正词严，显示了法律的严肃性和不可阻挡的威慑力，是为白脸。张老师的一番话侧重感情，从师生情、母子情，展开攻心，是为红脸。如此一软一硬，恩威并施，终于攻破了失足少年的心理防线，使其承认错误，浪子回头。

红脸白脸以不同角色同时做一个人的思想工作时，两种角色的互相配合，具有双重的综合教育功能。没有白脸，感情和道理缺乏制约力；缺少红脸，则缺少情感因素的感染力。如果红脸白脸巧妙配合，往往能产生巨大的说服力，使问题很快迎刃而解。

白脸的傲慢、苛刻、严肃，这只不过是一种策略、一种手段，为红脸的谈判起到陪衬，红脸轻易取胜，只是借力于白脸的反衬，因而这种手段往往相互作用，微妙而有趣。

唱双簧，往往是两个人合作的，但在复杂的生活中，往往由几个人分扮红脸白脸，因而其诱惑力也大，容易使人受骗上当。

一天，有家经销公司接待了两位顾客，据称是汽车配件厂的，一个叫"黄江",一个叫"王国华",他们一进门,就找到公司的兰经理,拿出了名片和证件。他们摆出自己的样品,声称推销各种规格的汽车螺帽,反反复复地强调产品质优价廉,而且是紧俏货。

几天之后,又有两家机电公司的采购员上门来找兰经理,要求对方帮忙购买汽车螺帽。他们也拿出了他们的名片和证件。

双簧这么一唱,这家经销公司见有利可图,便动了心,于是就和那两家机电公司签署了供销合同。

签订合同后不久,配件厂家又派出一个叫"黄万成"的主管,带着"黄江"以前签好的合同找到经销公司的兰经理,他一本正经地批评那两位业务员不了解生产情况,没有请示就签了合同,因为产品刚脱销,无货供应,并表示愿意赔偿损失。经销公司见对方如此信守合同,也就放心了。

就在经销公司和配件厂家商量对策之时,两家机电公司从南昌打来急电,称汇票已办妥,要求提货。经销公司在配件厂家和机电公司的引诱和催逼下,终于在需方未付款的情况下向厂方付款进货,然而机电公司无人取货,于是经销公司买下了一大堆滞销货。

这出双簧是由所谓的"配件厂"和"机电公司"合扮的,使得经销公司连连中计。

唱双簧谋略因为有红脸白脸互相衬托,其说服力大,诱惑力大,但要坚守原则,上述这出双簧则是一场诈骗,是违法的。

# 04 下台阶·打圆场·要识相

历史上的很多纷争,都是由不给面子的举动而引起的。为了给别人面子,不伤了双方之间的情分,就很有必要学会一些保护他人面子的智慧。其中,最值得学习的、经常为古人使用的策略,就是学会给别人台阶下,懂得打圆场,以及识相。

从本质上来说,下台阶、打圆场和识相,目的都只有一个,就是维护别人的面子。

## 下台阶

台阶,原指供一级一级上下的阶梯,又喻指避免因僵持而受窘的机会或途径。要帮助有失误、有错误的人认错,必要时应给以台阶,困兽犹斗,何况人乎?

要想让别人真正服你,你就要首先给别人台阶下,千万不要让人家难堪,否则,对方会以命相搏,来维护自己的自尊。

# 上智

公元206年，曹操把袁绍的残兵包围在壶关，四面围攻，久攻不下，曹操生气地下令：等攻下城池以后把城里的人全部活埋掉。这句话传到城里，人人都拼死斗争，依城死战，数月不下。这时，曹仁献计说："围城不能这样，你宣告攻下城后把他们活埋，城中人当然要死战，这样不是上策，不如网开一面。"曹操依其计，宣布让固守之敌逃出城外。城中之民见有了求生之路，不再死守，军心涣散，扔下工事逃走了，曹操很快就破城夺关。这便是围师必阙的道理所在，兵家认为"围城之道，围其四面，须开一角，以示生路"。如此先从精神上瓦解对方，避免困兽犹斗的局面发生。

以上说的是军事，在日常生活和工作中也要讲究下台阶谋略。揭示对方的错误和失误，要让对方有个台阶下，要顾及对方的面子，避免"困兽犹斗"。心理学认为，人都有自尊心，谁也不愿把自己的错误或失误当众曝光，一旦曝光就会感到难堪或恼怒，有时甚至会产生对抗情绪，反过来死死维护自己的过失或错误。为了最终说服对方，要注意在严格要求的同时给个台阶下。

有一位到广东珠海市出差的小伙子，在街头小货摊买了几件衣服。付款时，卖衣服的女青年看到他装了上千元的钱包，便产生了邪念，趁他不注意时，把钱包塞进了衣服堆里。这位顾客在要离去时发现自己的钱包不翼而飞，十分着急。此刻货摊只有他们两人，小伙子明知与这位姑娘有关，但又没证据。当他礼貌地提及此事时，姑娘翻了脸："你是说我拿了？那你叫警察吧。"

小伙子明白，一旦他离开货摊，自己的钱包就会被转移，那就再也没有希望要回来了。如果和她来"硬"的，则会把关系弄僵。于是，他决定来"软"的，他笑了笑说："我也没说是你拿了，是不是忙中出错，混到衣服堆里去了。"这句话很有分寸，给姑娘准备了台阶。

这时又有顾客要买东西，打断了二人的谈话。小伙子便摆出了"持久战"的架势，盯着货摊。此举令姑娘有些心神不安。

等货摊只剩他俩时，他压低声音悄悄说："姑娘，我一下子照顾了你上百元的生意，你怎么能这样对待我呢？我看你年纪轻轻的，在这个热闹的街道摆摊，一个月收入好几千，信誉要紧呐！"这话有恳求，有开导，还有暗示，说得姑娘低下了头，显然在进行思想斗争。

他继续说："人家从几千里外的新疆托我买东西，好不容易凑了百把块钱，丢了叫我怎么交代？你就替我细细找找吧！"

姑娘终于经不住他的恳求、开导，说："我给你找找看。"

果然，姑娘就坡下驴，翻了一阵，在衣服堆里"找"出了钱包，羞愧地递给了他。

这位小伙子能要回钱包，这和他采用的谋略有关：一方面摆出"不获全胜决不收兵"的架势；另一方面又网开一面，让姑娘有个台阶下。他用"持久战"的决心摧毁了姑娘的自信心，又用悄悄话说，诚恳地开导，要求姑娘帮助寻找，这样姑娘就着台阶下，交出了钱包。

工作中、生活中的失误在所难免，要注意顾及失误者的面子，给其台阶下。批评是必要的，但使他难堪，必然会造成反感和抵触。如出现了这种难堪的局面，应该设法维护他的自尊心，并为他找台阶下。

在某大酒家，有一位外宾吃完最后一道菜时，顺手把精致的景泰蓝筷子悄悄地插入自己的西服口袋里。服务员不露声色地迎了上去，双手拿着一只装有一双景泰蓝筷子的绸面盒子说："我发现先生对我们的景泰蓝筷子爱不释手。非常感激您对这种工艺品的赏识，为了表达感激之情，经餐厅主管批准，我代表大酒家将这双图案精美并严格消毒的景泰蓝筷子送给您，并按大酒家的最优惠价格记在您的账簿上，您看好吗？"这位外宾当然理解其中之意，在表示谢意之后，说："我多喝了几杯白兰地，误将筷子插入袋内，既然这样，我就以旧换新吧！"说着取出口袋里的筷子，接过服务员递过来的精美的小匣，不失风度地付账去了。

外宾将景泰蓝筷子放在口袋里，当然是丑事，服务员委婉地称之为"爱不释手"，并感谢对方对中国工艺品的赏识。这些话不露痕迹，她的建议既纠正了外宾的不当行为，又为他找了个台阶。

为难之事不如成人之美。对方如有为难之事，为其找台阶下便是"君子成人之美"。春秋时期"五霸"之一的秦穆公有一次出门打猎，发现自己的骏马跑了，便连忙派人去找，最后却发现马已经被一群人杀死吃掉了。

随后，官吏将这群人抓了起来，带到秦穆公面前请他治罪。秦穆公不慌不忙地说："有道德的人不会为了牲畜而伤人。我听说吃马肉却不饮酒对身体有害。"于是又将几坛美酒赐给了他们。这些人十分惭愧，吃饱喝足后就离开了。

三年后，秦穆公在一次战斗中被晋军包围，就在千钧一发之际，忽然有三百人从山上冲下来，左冲右突，不仅将秦穆公救了出来，还将晋侯俘虏。原来，他们就是当初吃掉骏马的那些人。他们说："当年国君不仅不怪罪我们，还请我们喝酒，现在正是报答国君恩德的时候。"

应对上司的难堪，既给对方面子，又给自己台阶下。上司因难堪，有时会恼羞成怒，不善应对，如果让对方拉不下脸，还会迁怒于人。对这种上司，应及时应变，为他找台阶，也为自己找台阶。

一次，解缙陪同朱元璋在金水河边钓鱼，整整一个上午无所收获。朱元璋十分懊丧，便命解缙写诗记之。没钓到鱼已经够扫兴的了，这诗怎么写？写得不好，无疑是火上浇油。解缙真不愧是才子，稍加思索，就信口念道："数尺纶丝入水中，金钩抛去荡无踪，凡鱼不敢朝天子，万岁君王只钓龙。"朱元璋一听，龙颜大喜。解缙成功地渡过难关。

## 打圆场

打圆场是一种调停双方矛盾、缓和僵局的策略。

打圆场策略往往这样应用：双方对峙，矛盾激化，互不相让，出现僵局，靠自身的力量无法解决矛盾时，于是借用第三者的力量来解决矛盾，缓解冲突。

兵法从来重视借力，"君子生非异也，善假（借）于物也"。又云："用兵之术，唯因（假借）最妙。"借力制胜，什么力可以借？天时可借，地利可借，盟友之力可借，第三者力量可借，敌之力亦可借。通过借力，从而达到"兵不顿而利可全"。打圆场的策略就是通过第三者的力量，缓和冲突、解决矛盾的。

欲打圆场，调停矛盾，缓和冲突，一是靠借力，二是靠语言。所谓"圆"，即靠"圆滑"的语言劝服对方，从而摆脱尴尬的局面。

## 上智

有一次，某著名的评剧演员举办敬老宴会，邀请了多位著名前辈前来参加。一位 92 岁的老人由他的看护大姐陪同前来。老人坐下后，就拉住评剧演员的手目不转睛地看着她，看护大姐略带着责备的口气对老人说："您总看别人干什么？"老人很不开心，说："我这么大年纪，为什么不能看她，她生得好看。"老人说完，脸都气红了，弄得大家很尴尬。

这时评剧演员却来了个打圆场，说："您看吧，我是个演员，就是给别人看的。"

这句话说得很巧，打破了尴尬局面，把不愉快的气氛一扫而光。

充分发挥第三者的中间人的作用。为矛盾双方打圆场，什么人为最佳人选呢？最好的人选是有权威的，或与矛盾双方都有良好关系的，如果这位调停人与矛盾双方中的一方有过不愉快的事，他就不适宜来调停矛盾。一些复杂的纠纷只有让与双方都有密切关系的人来调停，才能收到良好的效果。

春秋中期，晋楚之间进行了几十年的争霸斗争，双方精疲力竭，均有弭兵之意，但苦于没有调停人出面打圆场，后来终于有人出面调停，这便是宋国的向戌。《左传》生动地记载了他调停的经过。

宋国的向戌和赵孟关系匪浅，又和楚国的令尹子木关系密切。向戌也很想通过弭诸侯之兵来显达出名。于是向戌到了晋国，提出弭兵的主张，与赵孟商量。赵孟同晋国诸侯大夫商量，韩起说："打仗会伤害老百姓，如蛀虫一样耗费钱财，也是小国的大灾难。如果有人提出弭兵，即使不能做到，也是不能不答应的。如果我们不同意，楚国倒同意了，若他们用这个名义号召诸侯，不是诸侯都要跟从楚国了吗？"于是赵孟同意了向戌的要求。向戌去游说楚国，楚国也同意弭兵。

向戌继续游说，来到齐国，齐人一时觉得很难处理，而齐国大夫陈文子却说："晋楚已经同意了，我们怎么反对呢？人家要停战，我们却反对，在诸侯中还有什么威信呢？"于是齐国也同意停战。接着又把弭兵的消息转告秦国，秦国也答应了，又向其他小国通报情况，他们也都同意弭兵主张。

向戌游说列国，达到弭兵之目的，使中原地区暂时结束战争，出现了缓和，原因很多，但有一个重要原因，那就是向戌成功地当了调停人。向戌是调停晋楚之间矛盾的最佳人选，他与双方都有着密切的关系，既"善于赵文子（赵孟）"，又"善于令尹子木"，他凭借这一特殊关系，奔走于晋楚之间，极力撮合，巧于斡旋，为双方停战创造了条件。事实证明，私人关系能影响决策者，从而解决国与国之间重大而复杂的政治关系。

打圆场要注意矛盾双方的共同点，即矛盾双方的调停者尽量寻找与双方利益有一致性的人，求同存异，尽力撮合。

打圆场要注意随机应变。有些矛盾是突然发生的，事先毫无准备，或者是在解决矛盾的过程中又碰到了新的矛盾，所以调停者要注意随机应变，见机行事。

## 要识相

在生活中，我们经常听到有人批评别人"不识相"。"不识相"就是不懂得察言观色，别人给脸的时候不在乎；别人给台阶的时候，又不懂得顺着台阶下。同样地，当别人要面子、要台阶的时候，你也不给他，也是"不识相"，因为你造成了彼此的尴尬。

当别人讲笑话时，你因为早就听过，于是人家讲了一半你就泄他的底；当别人变魔术时，你看出了马脚，当场就拆穿了他；当别人在高速公路上错过出口，故意说"我为了避开刚才那个出口的拥挤，所以绕一点路"时，你说"我看刚才一辆车也没有"；当别人忍不住放了个屁，想以摇椅子作为借口下台时，你却点破了……凡此种种，都是"不识相"。

清代的康熙皇帝，青年时励精图治，做过不少大事，到了晚年时，年纪大了，头发也花白了，牙齿已松动脱落。这本是人体衰老的自然规律，但他心不服老，听到别人说他"老"就不高兴，所以左右的臣子深知他的心理，特别忌讳说"老"一类的字眼，从不在皇上面前触这个霉头。康熙皇帝为了显示自己还年轻有活力，常常带着皇后、妃子们去猎苑猎取野兽，在池上钓鱼取乐。

有一次，康熙皇帝带着后宫妃嫔去湖上垂钓，不一会儿，鱼竿动了，他连忙举起钓竿，只见钩上钓着一只老鳖，心中好不喜欢，谁知刚刚拉出水面，只听"扑通"一声，鳖却脱钩掉到水里跑了，康熙皇帝长吁短叹，连叫可惜。在康熙皇帝左边陪同的皇后见状，连忙安慰说："看光景，这只鳖是老得没有门牙了，所以衔不住钩子了。"

这时，在一旁观看的一个年轻妃子忍不住笑了一下。康熙皇帝见了不由得龙颜大怒，他认为皇后说的是言者无心，而那妃子则是笑者有意，是在含沙射影，笑他没有牙齿，老而无用了。回宫之后，康熙皇帝下了一道谕旨，将那妃子打入冷宫。

为什么皇后在说话时提到"老"字，康熙皇帝没有怪罪她，而妃子只是笑了一笑，却惹火上身呢？

首先，是康熙皇帝的忌讳心理，他不认老，忌讳别人说他老，这种心理实际上反映了老年人的一种普遍的心理状态。由于上了年纪，在体力和精力上都有所下降，但又不肯承认这个现实，而且也希望人们在客观上否认这个现实，故而一旦有人涉及这个话题，心理上就承受不了。

其次，由于皇后与妃子同康熙皇帝的感情距离不同。皇后说的话，仔细推敲一下，有显义和隐义的两个意义，显义是字面上的意义，因为康熙皇帝与皇后的感情距离较近，他产生的是积极联想，所以他只是从字面上去理解，知道皇后是一片好心的安慰。妃子虽然没有说话，只是笑了一笑，但她是在皇后说话的基础上笑的，她与康熙皇帝的感情距离比较远，所以让康熙皇帝产生了消极联想，深深地伤害了皇上的自尊心。

人总是有自尊心的，总希望受到别人的尊重，不希望人们一见面就提自己不愉快的事，没有谁会喜欢别人对自己"哪壶不开提哪壶"。因此人人都不愿意人家触及自己的憾事、缺点、隐私和使自己感到难堪的事，这也是一般人所共有的心理。因此在生活中与人交往和说话交流时，一定要注意尊重别人，交谈时千万不要涉及别人所忌讳的问题，不然就会使人际关系恶化。

如果你是一个很"识相"的人，顾及人家的面子，对方知道你心里有数，却不去拆穿，他一定会心存感激的。相反，他正急着找个借口开脱呢，而你却硬是挡着不让，那他也一定会对你不再友好。

做人要识相，要尽可能避免正面冲突，要尽量做到"不战而屈人之兵"，要给人留条后路，给人一个下台的阶梯，学会给别人打圆场，这是处世的重要技巧。

# 05 寒暄

寒暄,是我们社会交际的一种手段,是沟通彼此感情,创造交谈气氛的一种方式。

寒暄,这个词出自《太平广记·汉武帝》:"(武帝)跪拜,问寒暄毕,立,因呼帝共坐。"《新五代史·孙晟传》有这样的记载:"晟为人口吃,遇人不能道寒暄。"寒暄是见面时谈天气冷暖和生活琐事的应酬语,比如:"你是新搬来的?搬个家可不容易,累坏了吧?""有什么需要帮忙的吗?我就在对门住,有事打个招呼就行。""胡爷爷,最近身体可好啊?""眼下三九寒冬,您老可要多保重。"等等。

通过寒暄,能迅速建立起一种热情、友好、轻松、愉快的气氛,从而消除对方的猜疑、警惕和紧张的心理。这对后面将要进行的诚恳洽谈,能起到互谅互让、友好地达成协议的重大作用。若双方气氛清冷,关系紧张,则意味着谈话不会取得什么结果。

在我们谈判、会晤或日常交往中,寒暄是一个非常重要的组成部分。例如一场会谈，通常都会有这么几个阶段：寒暄、破题、开场会谈、结束。而寒暄是会谈的起始阶段。良好的开端是成功的一半，因此，寒暄得当与否，直接影响到会谈是否能够顺利进行以及能否取得良好效果。

寒暄的内容，一般与正题无关。寒暄的任务主要是造势，在会谈前创造一个有利于会谈的气氛，因为人们往往不愿意过早地触及实质性的问题，实质性的问题亮得过早或过晚都是不利的。

上智者不会把寒暄与正式会谈截然分开，而是与自己的真实意图融为一体。他们会以寒暄为烟幕，以虚为实，以迂为直，以柔为刚，极其有效地说服对方，达到自己的目的。

战国时代，赵国触龙劝谏太后送长安君为人质，便是最好的一例。这个典故，在历史上亦叫作"触龙说赵太后"。

当时，赵太后刚刚执政，面对强秦的进攻，便向齐国求援，而齐国则提出要赵太后的爱子长安君作为人质，才肯出兵援助。赵太后哪里肯答应啊，为了国家安危，赵国大臣们当然要竭力劝说。可是，太后却对左右说："谁再提起让长安君去做人质这件事，我就一定会唾他的脸！"

这一日，左师触龙求见赵太后。太后以为他也是来劝说的，便气冲冲地等着他。触龙上得殿来，小跑几步，来到太后面前谢罪："老臣的脚有毛病，走不快，失礼了。好久没有来问候太后了，我还想着自己原谅自己，可是又担心太后玉体不适，所以特来朝见。"

赵太后说道："我是靠车子才能行动啊！"触龙说："每天的饮食定量没有减少吧？"赵太后说："只是喝一点稀粥罢了。"触龙说："老臣近来的胃口也不好，却还是支撑着散散步，每天走上三四里路，稍微增加了点食物。这样对健康是有好处的。"赵太后说："这我可做不到啊。"两个人相互寒暄着，不知不觉，赵太后的怒气稍微消了些。

触龙说："老臣有个孩子叫舒祺，排行最小，不怎么成材。而臣已垂老，总是宠爱他。在这里，我想求您让他补上侍卫之职，去保卫王宫吧，因此我要冒死向太后禀告。"赵太后说："好吧，他几岁了？"触龙答道："15岁，年纪虽小，但老臣巴望趁着自己还没有死的时候，把他托付给太后。"赵太后说："大男人也宠爱自己的小儿子吗？"触龙答："比女人家还要厉害。"赵太后笑道："女人家格外宠爱小儿子。"

触龙见赵太后情绪好多了，便进一步说："老臣私下认为太后疼爱燕后胜过长安君。"太后说："你错了，我疼爱燕后，哪里比得上疼爱长安君啊。"触龙说："父母疼爱子女，往往就会替他们做长远的打算。您老人家送燕后出嫁时，大家看见您甚至抚摸着她的脚后跟哭个不停，由于她嫁得太远而备感悲伤，让人看了都非常心疼啊！燕后走了以后，您依然非常想念她，每每祭祀，您总要为她祝福、祈祷，却希望老天爷让她千万不要返回！这不就是在替她做长远打算，希望她有子子孙孙不断地继承王位吗？"赵太后回答道："是的。"

触龙进一步转移话题："从现在起，算到三代以前，甚至算到赵氏开始建国之时，赵王的子孙能够累代封侯，至今不绝的还有吗？"太后道："没有了。"触龙又问："不光是赵国，就是别国诸侯的子孙，后代继续不断封侯的还有吗？"太后道："我不曾听说。"触龙说："这些人呀，近一些的，是自身遭到不幸；远一些的呢，还要累及子孙。难道是由于这些封了侯的子孙个个都不行吗？并不是，而只是因为他们地位虽高，却没有建立过什么功勋，俸禄虽多，却没有什么功绩。如今太后抬高了长安君的地位，给他肥沃的封地，赏赐了很多财宝，却不让他及时为国立功，一旦太后去世，长安君又怎么能在赵国站得稳脚跟呢？因此，我认为太后替长安君打算得不够长远，所以说您疼爱他还比不上疼爱燕后！"

听完他的话，太后一下子领悟了过来，道："明白了，那就听你的安排吧！"于是，太后替长安君准备了100辆车子，并把他送到了齐国去做人质。于是，齐国出兵救了赵国。

触龙劝说赵太后，大部分谈话内容都是在寒暄中进行的。然而，正是这种寒暄，逐步绕过赵太后的心理障碍，使得赵太后的对立情绪逐步变化。触龙从身体情况谈起，又谈饮食，此时太后的怒气稍微消了些，戒备心理稍稍解除。触龙又为儿子求职，谈到了做父母疼爱子女的心情，并说到男人比女人更疼孩子，听得太后笑了起来，这就完全解除了她的戒备心理，这时，触龙才把话题转到正题上来，直到最后说服赵太后。

# 06
## 巧辩·诡辩

巧辩与诡辩，它们的共同特征都是故意违反逻辑，但它们却有着美丑善恶之分。

一个无赖又饥又渴，走进了一家小商店。他问道："老板，有面包吗？"老板说："有，先生，两毛钱一个。""请拿两个。"老板递过面包说："两个四毛钱。"无赖又问："啤酒多少钱一瓶？""四毛钱一瓶。"无赖问："我现在感到渴比饿还厉害，我想用这两个面包换一瓶啤酒，可以吗？""当然可以。"无赖接过啤酒，一饮而尽，然后背起背包就要出门。老板忙拦住他，说："先生，您还没有付啤酒钱！"无赖说："可我是用面包换啤酒，并且是经过您同意的呀！"老板说："那您的面包钱也没有付啊！"无赖说："我没有吃您的面包，为什么要我付面包钱呢？"

无赖想赖账，就用了他的那一套推理：凡吃面包就得花钱，我没有吃你的面包，我就不用花钱。然而，从逻辑学角度来说，这个推理的小前提是错误的。他虽然没有吃面包，但却用没花钱的面包去换酒。这个无赖用的就是诡辩。

让我们再看一个例子。

春秋时齐国著名的智者晏婴出使楚国，楚人为了嘲笑他身材矮小，故意在城门旁边开了一扇小门，让晏婴从小门进去。

晏婴一看，立刻整肃仪容，拒绝了楚国人的要求。他说："如果出使狗国，才从狗门进入。我现在出使的是楚国，就应当从楚国大门进入。"楚国人自讨没趣，连忙打开大门恭迎晏婴入城。

进城后，楚王设宴为他接风洗尘。酒过三巡，忽然有两个官吏押着一个男子进来。楚王问："你们抓的是谁？"官吏回答说："是个齐国来的小偷。"楚王转头就问晏婴："齐国人都很擅长偷盗吗？"

晏婴起身鞠了一躬，回答说："我听说，橘生淮南则为橘，生于淮北则为枳，水土的差别足够改变事物的性质。勤劳端正的齐国人来到楚国，马上就学会了偷盗，是楚国的水土适合偷盗吗？"楚王只好笑着说："圣人是不能开玩笑的，寡人自讨没趣了。"

在这次出使过程中，晏婴运用自己高明的智慧和高超的口才，滴水不漏地给予了回答。晏婴的回答，就是巧辩。

从上面两个例子，我们获得了这样的启示，那就是：巧辩与诡辩都需要技巧，但是，它们又确实有美丑善恶之分，前者为丑，后者为美；前者为恶，后者为善。

巧辩与诡辩的共同特征是，都出于不同的需要，而故意违反逻辑，或偷换概念，或暗换论题，或故意使大小前提错误，但它们违反逻辑的目的和效果是截然不同的。在上述两个案例里，前一个，无赖诡辩，是为了不劳而获，索取一瓶啤酒，不管他如何强词夺理，他的目的都是丑恶的，效果自然也是坏的；后一个，晏婴回答楚王，也是故意违反逻辑，出使外国睦邻亲善，有问必答，但楚王心怀鬼胎，动机不良，意在发难，抹黑齐国，因此不能不答，但又不能实答，只能巧答，其动机与效果都是美的、善的。

学会如何巧辩，懂得怎么对付诡辩，对我们的生活、工作极其有用。

在生活中，我们经常会遇到一些心存不良的人，对我们进行诡辩。如果我们不能了解诡辩的实质，不能学会如何对诡辩进行反击，就会吃大亏。

当我们面对别人的尖锐提问或言语纠缠时，及时地运用我们的智慧，运用巧辩来对付之，使自己跳出危局，是非常重要的。

我们不妨来看看北宋大文豪苏东坡，是如何运用自己的旷世才华和高超智慧，用自己的巧辩，为大宋化解了一场尴尬的。

宋哲宗元祐年间，辽国使臣来宋，哲宗就派翰林学士苏东坡接待、陪伴辽使。辽使久闻苏东坡的鼎鼎大名，便绞尽脑汁，想出个题目难一难他。

这天，辽使搬出半副对联"三光日月星"，请苏东坡对出下联。这半副对联出自辽国，流传已久，辽国的文人学士，竟没有一个人能对得出来，当时号称"绝对"。辽使自以为苏东坡这下子一定被难住了，很是得意。

苏东坡略一思索，便把辽使的副手唤了过来，悄悄对他说："如果我能对得出来，而贵国大使却对不出，这不是大大损伤了贵国的体面吗？'四诗风雅颂'是天然之对，你何不先去告诉贵国大使？"原来《诗经》分《风》《雅》《颂》三部分，其中《雅》又分为《大雅》与《小雅》，故称"四诗"。副使依言转告。辽使见苏东坡毫不费力地对出这副"绝对"，惊叹不已。哪知苏东坡又道："这次让我自己来对一对。"于是徐徐吟道："四德元亨利。"当时的读书人几乎都知道，《易经》中将《乾卦》中的"元亨利贞"四字称为"四德"。辽使见苏东坡说漏了一个字，刚要起身反驳，苏东坡却摇摇手道："且住！你以为我忘了一个字吗？这个字是我大宋仁祖的名讳。两国既为兄弟之邦，你也就是我国的外臣，难道不应该避讳吗？"原来，哲宗的祖先宋仁宗名叫赵祯，"祯"与"贞"同音，在封建社会中，臣民百姓避皇帝及其祖先的名讳，这是极为平常的一个规矩，而缺字则是避讳方式的一种。一番话，说得辽使张口结舌，对苏东坡更是佩服得五体投地。

这个故事流传了几百年，到了明代，又有人想出"六脉寸关尺""一阵风雷雨"等来对这"三光日月星"。

事实上，学会运用文字来进行巧辩和诡辩，是很多文人墨客、风流雅士、权贵政要的拿手好戏。而在民间，像苏东坡这样的"对对子"高手，也是数不胜数。对对子，就是一种能显示个人才华的"巧辩"。

下面我们再举两个"对对子"高手的故事，这两位才华横溢的人，从小就显露出了其天才的文采。我们先来领略一下。

清朝重臣陶澍，从小才智过人，出口成章。小时候，他一边读书，一边为东家放牛。

某日，陶澍放牛收工早了，东家便出上联骂他："小子牵牛入户。"小陶澍随即对道："状元打马还乡。"见他如此才思敏捷，读书人出身的东家从此再也不敢小看他了。

这天，陶澍梳着双髻到学堂去上学。有一个僧人看到他这副模样，便戏弄他道："牛头喜得生龙角。"

陶澍知道他是在讥笑自己，于是马上回敬了一句："狗嘴何曾出象牙。"

回到家后，陶澍就对母亲说："妈妈，今后我不再梳双髻了，别人总是取笑我。"

过了数日，僧人恰好路过学堂，看见陶澍的头发梳成了三岔，便又戏弄他道："三角如鼓架。"陶澍立刻还击他，对道："一秃似擂槌。"僧人惊叹于陶澍的敏捷，对陶澍的老师说："这孩子长大后必定会成为国家栋梁。"

陶澍上学时的学堂非常破旧，要是遇到下雨天，教室里有的座位便要遭受雨淋。

有一天，大雨滂沱，下个不停。陶澍与一个有钱人家的孩子为争坐没有雨滴掉落的座位，一直相持不下。老师见此，便说："不要争了，我有一句五字联，能对好的坐好座位。"于是念道："细雨肩头滴。"

那个有钱人家的孩子是个纨绔子弟，胸中哪有半点墨水？他听到要对对子，顿时目瞪口呆。而陶澍却胸有成竹地应声道："青云足下生。"于是老师就把好座位让给了他。

那个有钱人家的孩子不服气，回家告诉了父亲。其父大怒，自恃自己也读过几年书，便派人去把陶澍叫来，气急败坏地喝道："谁谓犬能欺得虎！"陶澍见他依仗权势嘲笑自己，便鄙视地一笑，从容答道："焉知鱼不化为龙？"有钱人见陶澍出口不凡，从此再也不敢小看他了。

从上面的精彩事例里，我们看到了陶澍少年时即能运用巧辩的最常见的表现形式——对对联（或对对子），来表现自己的才华了。而跟他同朝代的另一位名人，小时候所表现出来的对对子的巧辩之才，一点也不输于陶澍。

清朝中期，广东番禺[①]有一位著名的书法家，名叫庄有恭，家住镇粤将军官署附近，从小就聪明过人。

据说在他十一二岁时，有一次与一群儿童放风筝，哪知一不小心，扯断了风筝线，那风筝便飘飘荡荡地掉进了将军署的内宅。其他儿童都傻了眼，呆呆地站在官署门外，连呼"可惜"，懊恼不已，却又束手无策，唯独庄有恭不慌不忙地说："既掉在将军署中，取出来就是了，有什么可懊恼的？"

小伙伴们七嘴八舌地说："将军的官署，平民百姓怎么进得去呢？""即使混进去了，也难免会被当成小偷，不被打个半死才怪呢！"于是，庄有恭自告奋勇地说："好，那你们在这儿待着，看我进去把风筝取回来。"

说完，他就装出一副漫不经心的样子，慢慢地靠近官署大门玩耍。守门人见他是个小孩子，没有在意。当守门人不再看他时，庄有恭突然跌入门内，直奔内宅而去。待到守门人发现，庄有恭已在数十步开外了，急得守门人连呼："站住！"并在后面紧紧地追赶。

此时，镇粤将军正在客厅里与客人下象棋，听到了守门人的呼声，他连忙起身而出，拦住了庄有恭，并把他带进了客厅去询问。庄有恭不慌不忙地说明了来意。将军见他眉清目秀，一副伶俐相，

[①] 位于今天的广州。

心中已有几分喜爱，却故意板起面孔，问了他一些家中情况。庄有恭对答如流，将军心里更是高兴，又问道："你有没有读过书呀？"庄有恭答道："正在读。"将军问："那么，你会不会对对子？"庄有恭满不在乎地说："对对子是小事一桩，有什么不会？"将军一听，暗想这小子好大的口气，于是不露声色地问："你能对几个字的对子？"庄有恭道："一个字的能对，一百个字的也能对。"将军哪里肯信，不满地说："好，那我就出副对联让你对对，若对不出来，我可不饶你！"说罢，将军抬头看见客厅上悬挂着一幅《龙虎斗》彩图，便随口吟道：

"旧画一堂，龙不吟，虎不啸，花不闻香鸟不叫，见此小子可笑可笑。"

将军的意思当然很明白：你看堂上龙虎尚且不吟不啸，你这个无知小子，却不知天高地厚，竟敢口出狂言，若对不出下联来，我可要好好教训你了！

哪知庄有恭略一思索，便指着将军与客人下的象棋残局，答道："就凭着这个棋局，便能对出将军的下联。"然后他朗声吟道：

"残棋半局，车无轮，马无鞍，炮无烟火卒无粮，叫声将军提防提防！"

庄有恭的意思也很明白：你将军的棋艺并不高超。不过，输掉一局棋倒也罢了，若真的统兵打仗，碰上这车马炮卒均难运用的窘境，看你如何对付！

将军与客人听了，均大为赞赏。于是，将军亲自去捡起风筝，递给庄有恭，并拍了拍他的肩膀说："好孩子，果然聪慧。好好用功读书吧，日后前途无量呀！"

我们学习别人的论辩智慧和高明技巧，目的就是自己亦能够自如地运用巧辩，解决问题，以及在面对诡辩时，轻松击破。事实上，诡辩和巧辩只是一线之隔，而且很多时候，是巧辩还是诡辩，完全是立场的问题，它只关乎该论辩是为了谁的利益服务的。为己利益而行，则为诡辩；为他人利益服务，则为巧辩。

东晋年间，晋元帝司马睿有一儿子名叫司马绍，自小聪明，深受晋元帝宠爱。

有一次，某国派使者从长安来拜见晋元帝，晋元帝便叫司马绍坐在自己的膝上接待客人。

交谈之时，晋元帝突然向儿子发问："你说说看，是长安远呢还是太阳远？"

司马绍随口答道："当然是太阳远。"

晋元帝又问："为什么太阳比长安远呢？"

司马绍解释说："我时常看到有人从长安到建康（建康即今天的南京市，当时为东晋首都）来，却不见有人从太阳来，由此可见，太阳比长安远得多。"晋元帝大为惊异，使者也称赞不已。

第二天，晋元帝大宴群臣，又叫儿子坐在身边。晋元帝为了显示儿子的聪明，就向他提出了同样的问题。没想到司马绍这次这样回答："当然是长安远。"

晋元帝大惊失色，以为这下子要当众出丑了，就急着责问道："为什么和昨天回答的不一样？"

司马绍理直气壮地说："我们只要抬起头来，就可以看到太阳；

但是有谁在建康抬起头来，就望得见长安呢？这就证明长安要比太阳远。"众皆惊奇。

我们再来看下面的故事，看看故事的主人公是如何使用"巧辩"或"诡辩"来制服对方的。

刘备死后，诸葛亮继续奉行联合东吴、抗拒魏国的政策。在用计击退了魏国侵犯西蜀的四路大军之后，诸葛亮派户部尚书邓芝出使东吴，劝说孙权与蜀国和好。孙权愿意与西蜀通好，同时派了中郎将张温，到成都进行回访。

后主刘禅在大殿召集文武官员，接待张温。张温自以为得志，昂着头上殿，谈笑自如，态度很是傲慢。

第二天，后主赏赐给张温金帛，并在城南摆下酒宴，召集百官，为张温送行。诸葛亮正在向张温劝酒，忽然闯进一个人来。那人也是高昂着头进来的，他只给大家拱了一下手，便随意入席就座了。

张温觉得奇怪，便问诸葛亮："这是什么人？"

诸葛亮回答道："他姓秦，名宓，现在是益州的学士。"

张温笑了起来，说："他虽是学士，但不知道胸中究竟有多少学识。"

秦宓严肃地说："我们蜀中连三尺高的童子都有学问，何况我呢？"

张温问："请说说你学的是哪一门知识。"

秦宓说："上至天文，下至地理，三教九流，诸子百家，无所不通；圣贤经传，无所不知。"

张温笑了，说："你的口气不小，我且用'天'来做题目，提几个问题。"

"请问。"

"天有头吗？"

秦宓说："有头。"

张温说："头在何方？"

秦宓说："在西方。《诗经》有云：'乃眷西顾。'意思是说用仰慕的心情回头看着西方，由此推想，天的头在西方。"

他的意思其实还暗含着西蜀是中国之首。但张温又不能去辩驳，于是便继续问道："天有耳朵吗？"

秦宓说："天虽然很高，却能听到地上的声音。《诗经》中说：'鹤鸣九皋，声闻于天。'鹤在深远的沼泽间鸣叫，天都能听到。试问，要是没有耳朵又怎么能听到呢？"

张温又问："天有脚吗？"

秦宓说："有脚。《诗经》上说：'天步艰难。'试问，没有脚哪来的天步呢？"

张温又问："天有姓吗？"

秦宓说："怎么会无姓呢？姓刘。"

张温问："这又有什么根据呢？"

秦宓说："天子姓刘，天当然姓刘了。"

张温马上反驳道："太阳不是出在东方吗？"

他的意思是说东吴才是中国之首。但秦宓并没有被他难倒，立刻回答说："但太阳还是落在西方呢！"

秦宓对答如流，满场的人都大为惊叹。张温则一时说不出话来了。

这时，秦宓马上开始进行反攻，他对张温提问道："先生是东吴名士，既然用天上事来问我，必定深通天文了。当初混沌既分，轻清的东西浮上去便成了天空，重浊的物质沉下来凝结便成了大地。后来共工氏吃了败仗，头触不周山，撞断擎天柱，于是西北方的天塌下来了，东南方的地陷下去了。那么，请问先生，天既是轻清的上浮之气，怎么会塌下来呢？不知道在轻清上浮的气以外，天还有别的什么东西？"

张温被问得张口结舌，说不出话来，过了好大一会儿，才叹服道："没料到蜀中会出这样的人才！"

诸葛亮见到这种情形，怕他下不了台，便安慰他道："这些都只不过是在酒宴上的戏谈罢了，先生你深通安邦定国的大道理，何必在意这种唇齿游戏呢？"

张温此时已然完全改变了先前的骄慢之气，恭顺地与大家拜别，坐上了回东吴的车驾。

看完了秦宓面对张温的"巧辩"，你是不是心中也在感叹其精彩之论辩呢？事实上，如果你要把秦宓的回答理解为"诡辩"亦未尝不可。其中所包含的智慧和技巧，我们可以慢慢体味。

那么，我们该如何运用"巧辩"来对付并击破"诡辩"呢？要对付诡辩，最常用、最有力的武器是"归谬"和"以谬制谬"。我们先谈谈"归谬"，或曰"归谬法"。

归谬法，其用法往往是先假定对方的话是真的，然后加以引申，从而推论出一个荒谬的结论，以此折服对手。这种策略从逻辑学假言归谬法移植而来，是为了反驳某一观点，利用充分条件假言判断进行引申归谬，达到反驳目的的一种逻辑方法。假言归谬法的推理过程是这样的：先假定对方的论点是真的，以对方论点为前件，构成一个充分条件的假言判断，由对方论点这个前件引申出一个荒谬的后件；根据充分条件假言推理，否定后件必否定前件，因此从后件的荒谬推演出前件的荒谬。我们来看下面这个故事——

春秋时期，楚庄王有一匹爱马。楚庄王爱它爱到什么程度呢？他不仅为马穿上华美的锦绣衣服，修筑雕梁画栋的房子，还给它制作床铺，用蜜饯枣干喂养。

有一天，马生病死了，这让楚庄王悲痛万分。为了纪念它，楚庄王下令：按照大夫之礼安葬它，并派专门的臣子为它治丧。许多大臣都为此进谏楚庄王，结果都被赶了出来。

楚国有一位名叫优孟的乐师，他因十分擅长幽默表演而受到楚庄王宠爱。优孟听闻楚庄王要厚葬爱马的事情后，立刻上书求见楚庄王。一进殿，优孟就大哭道："马儿啊！大王如此宠爱你，楚国又如此强大，你想要什么都是唾手可得。可如今你怎么只能按大夫之礼安葬啊！该按国君之礼安葬才对。"楚庄王十分疑惑，问道："这是何故？"优孟回答说："我请求您用白玉为棺，梓木为椁，各色上等木材作为护棺的题凑，以军士挖掘墓穴，以老人背土筑坟，令齐、赵使节陪祭，韩、魏使节守灵；再建一座大庙，拨万户大县作为供奉的祭田。这样，各国才能清楚明白：我们楚国的大王轻视人类而重视马。"

楚庄王这才明白优孟的用意，大声惊呼："原来我做了这么过分的事！我该怎么弥补我的过失呢？"优孟回答说："大王莫慌。您用牲畜本该拥有的待遇来对待它就行。您只需要建一台土灶，找一口大锅，加上姜、枣和木兰，再配上上好稻米，点上火，把它葬在人们的腹中就可以了。"楚庄王连忙点头，下令让宫中的厨子负责处理此事。

在这个故事中,优孟就巧妙地利用了归谬法,将楚庄王的荒唐举动进一步夸大,从而成功让楚庄王意识到自己的行为是多么荒唐。

归谬法有其内在价值,那就是,这种策略并不在正面去反击对方,而是先让一步,先退一步,认为对方是对的,然后引出一个谬误的结论,敌论便不攻自破,这样在敌论上做文章,借敌攻敌,折服对手。这样的手法,就是运用对方诡辩的方法,来对付对方的诡辩。这种招式,也可以借用武侠小说中的一个武功招数"以彼之道,还施彼身"来形容。

《兵经百言》云:"不可智谋则借敌之谋。翻彼着为我着,因彼计成吾计,则为借敌之智谋。"巧辩用奇,有靠自己力量进攻的,也有借计于敌,以敌攻敌的,也有两者兼而有之的。归谬法出奇制胜,妙就妙在一个借字,引申出"谬",令其不攻自破。

归谬法有两种:一种为引申出假;另一种为引申出悖。俄国19世纪著名作家赫尔岑,年轻时曾出席过一次宴会,宴会上的音乐声十分刺耳,赫尔岑听不惯,只能捂住耳朵。主人连忙解释:"正在演奏的是流行音乐。"赫尔岑反问:"流行音乐就一定高尚吗?"主人很惊讶:"不高尚怎么能流行呢?"赫尔岑笑道:"那么流行性感冒也是高尚的了。"

从上述例子可以看出,引申出来的结论是虚假的。也有引申出来的结论是矛盾的,则称之为引申出悖。

一位教徒到教堂向神父请教:"神父大人,我是一个教徒,请问,上帝能给我什么帮助?"

神父平静地说:"他可以满足你需要的一切,只要你祈祷。"

教徒却忧虑地说:"我的邻居也信教,如果我祈祷上帝下雨,他祈祷上帝天晴,那么上帝会做出怎样的决定?"

神父目瞪口呆,无言以对。

前面说过,归谬法是一个充分条件的假言判断,通过否定后件来否定前件,以后件的荒谬性来证明前件的荒谬性。因此,归谬法制胜的关键在于诱,诱出荒谬的"后件",因而在应用中往往先让一步、退一步,让敌人进了圈套,然后再引申归谬。

古时候,有个叫巧姑的妇女,聪明能干,把家务安排得井井有条,她公公一时高兴,就在大门外写上五个大字:"万事不求人。"知府看到后,很不高兴,认为这是不把他放在眼里。

于是知府将巧姑的公公捉去,对他说:"你口出狂言,说大话,想必大有本事。好吧,限你三天之内找一条大公牛生的牛犊。要是找不到,就要治你的罪。"

巧姑的公公犯了愁,闷闷不乐,回家把此事告诉了巧姑。巧姑说:"放心吧,这件事我来应付。"

过了三天,知府老爷来了,一进门,便喊:"老头儿,快出来!"巧姑上前拜见说:"禀大人,我公公不在。"知府大怒:"他敢跑?"巧姑说:"他没有跑,他生孩子去了。"知府不知是计,说:"胡说,世上只有女人生孩子,哪有男人生孩子的?"巧姑说:"既然男人不能生孩子,为什么要让公牛生牛犊呢?"知府自知理亏,无以应对。

知府找老汉,而老汉不在家,知府以为他逃跑,巧姑却说:"他生孩子去了。"这句话便是"后件",作为对知府的一种回答,又作为一种圈套,知府不知是计,中了圈套上了当,为巧姑引申归谬埋下伏笔。

为了使对方中圈套，不仅可以诱，亦可以激。墨子止楚攻宋，采取的就是归谬法，"后件"是激出来的。墨子听到楚国要用鲁班创制的云梯攻打宋国的消息，便拜见了鲁班，在要求鲁班帮助自己杀一个侮辱自己的人时，许以千金为酬，激得鲁班说出："吾义固不杀人。"墨子顺水推舟，引申归谬，说明攻宋国要杀死许多人，以此来说明攻宋国的荒谬性。

当然，归谬法除了善于诱、激之外，还要善于合乎逻辑地推理。归谬谋略运用了假言归谬法，所以要按逻辑进行推理。另外，引申归谬要得当，恰到好处，足以证明敌论的荒谬，从而折服对手。

最后，我们探讨一下"以谬制谬"。事实上，学习好"归谬法"，目的就是运用"以谬制谬"，达到折服对方的目的。

先看看鲁迅先生的故事。

鲁迅先生曾在某学校任教，当时的校长常克扣办学经费，刁难师生。一天，他把研究院的负责人和教授叫去开会，提出要把经费减半。大家纷纷反对，校长说："关于这一点，不能听你们的，学校的经费是有钱人拿出来的，只有有钱人才有发言权。"他刚说完，鲁迅迅速站起来，从口袋里摸出两个银币，"啪"的一声放在桌上，说："我有钱，我有发言权！"校长没料到鲁迅会说此话，一时无言应对。鲁迅力陈研究院经费不能减少、只能增加的理由，驳得校长哑口无言，只得收回其主张。

面对蛮横无理的论敌，不做正面论战，而是采用对方的逻辑加以回敬，这就是"以谬制谬"。

再来看看一位穷秀才的故事。

《谐史》曾记载过这样一个故事：有一个穷秀才叫丘浚，有一天到杭州去拜访一个叫作珊的和尚。珊和尚见他既无地位，又是一副穷酸相，因而傲慢无礼，出言狂妄。一会儿，杭州将官的儿子也来拜访珊和尚。珊和尚见是将官的公子，立即下台阶亲自前往恭迎，态度恭敬，一副奴才相。丘浚见了心中很不平，等那将官的儿子走了，便责问珊和尚："你这和尚，接待我态度傲慢，可是接待将官之子却那么恭敬，这是为什么？"珊和尚狡辩说："接就是不接，不接就是接。"

珊和尚嫌贫爱富，趋炎附势，还说出"接就是不接，不接就是接"的混账话，丘浚听了，勃然大怒，拿起一根棍子，对着珊和尚就打，边打边说："和尚休怪，打是不打，不打是打。"

丘浚使用的"以谬制谬"手法，其实就是"以彼之道，还施彼身"。

最后来看一位白族小姑娘的故事。

相传白族有个非常机智的姑娘，口齿伶俐，巧舌如簧，什么样的难题也难不倒她，乡亲们都叫她"巧嘴姑娘"。

同村的财主十分嫉妒，想难倒她，后来终于想出了一个法子。有一天，他让人牵来一匹马，自己骑在马上，一只脚踩着马镫，身子向上一挺，问巧嘴姑娘："你说我是上马，还是下马？"

他的企图十分清楚，如果说他上马，他便下马；如果说他下马，他就上马。无论说他上马，还是说他下马，都不能答对。

巧嘴姑娘面对挑衅，镇定自若，不慌不忙，不做正面回答。只见她伸出一只脚踩在门槛上，另一只脚踩在门外，反问财主："你说我是进门，还是出门？"

财主无言以对，他本想发难难住巧嘴姑娘，结果偷鸡不成蚀把米，遭到巧嘴姑娘的一顿奚落。

以上三个故事中，鲁迅先生、穷秀才丘浚和白族的巧嘴姑娘，使用的都是以谬制谬的智谋。这种智慧与策略适用于面对蛮横无理的人时，不做正面的论战，而是采用对手所用的方法和逻辑来应对，从而折服对手。

以谬制谬的策略有其内在的规律和价值。首先是论战对方蛮横无理，不能与之正面讲道理，摆事实：校长克扣经费，刁难师生，还说"只有有钱人才有发言权"；珊和尚趋炎附势，卑躬屈膝，还狡辩"接就是不接，不接就是接"；财主刁难巧嘴姑娘，摆出一个动作，问是上马还是下马，按照他的思路去回答，正中下怀。这种以谬制谬的舌战谋略之所以能出奇制胜，就在于它一反正面论理的常法，脱出旧的思维窠臼，以敌之矛，攻敌之盾，使对方处于被动的地位。

乍一看，以谬制谬与归谬法有些类似，事实上，以谬制谬不同于归谬法。两者区别在于，归谬法是先肯定敌论是对的，然后按照其谬论推出一个荒谬的结果来。以谬制谬则是直接提出敌论的逻辑，回敬对方，使之陷于被动的地位。归谬法是迂回曲折，以谬制谬则是开门见山。

以谬制谬通常有两种类型：顺推法和模拟法。

顺推法是按照敌论的逻辑推论出一个荒谬的结果，回敬对方，从而使对方陷于被动地位。

有个病人走进医院，对护士说："请把我安排在三等病房，因为我很穷。"护士问："没有人能够帮助你吗？"病人回答说："没有。我只有一个姐姐，她是修女，也很穷。"护士揶揄说："修女富得很，因为她和上帝结婚。"

病人听了护士的讽刺，十分生气，回敬说："好，你安排我在一等病房吧，以后把账单寄给我姐夫就行了。"

病人回敬护士，是以谬制谬，顺着护士的话进行推论和回敬："你把账单寄给我姐夫就行。"这种推论或以谬制谬谋略真是妙不可言，妙就妙在以子之矛，攻子之盾，没有任何招架的余地，以谬制谬不愧为对付诡辩的最有力、最尖锐的武器。

模拟法，就是模拟敌论的荒谬逻辑，反击对方。有个财主想刁难阿凡提，对他说："我给你100元钱，去给我买一匹我喜欢的马来。但如果买得不合我的意，工钱分文不给。"阿凡提问："你喜欢什么颜色的马？""不要黑马，不要灰马，也不要白马。""那我就给你挑一匹花色马。""我也不要。""那就挑棕色马或黄马吧。""也不行。""啊，是这样！那我就去试试看吧！"阿凡提明白了财主的用心，转身向外走去。财主又把他叫住，问道："你什么时候把买好的马送来？""我挑选送马的日子和老爷挑选马的情况差不多。不是星期一、星期二，也不是星期三或星期四，不是星期五，也不是星期六或星期天。就在那一天，我就把马送来。"财主一听，再也说不出话来。

财主刁难阿凡提，可谓刁钻无比。他企图通过挑选不存在的颜色的马来难倒阿凡提，而阿凡提就用挑选不存在的日期来制服对方，从而使自己处于主动地位，而置对方于被动的境地。

在使用以谬制谬的策略时要注意以下几点：

首先，应变要合理。以谬制谬的策略运用有其特定的规律性，即对方是一个无理可讲、别有用心的人，无论是克扣经费的校长，趋炎附势的珊和尚，还是百般刁难的财主，都心怀叵测，因而对付他们的最好办法是以牙还牙，以谬制谬。如若与他们讲道理，则正中他们的圈套。

其次，无论在形式上还是在实质上，以谬制谬必须与被制之谬相当。如针对校长的"只有有钱人才有发言权"，鲁迅先生说："我有钱，我有发言权！"而对珊和尚的"不接是接"，丘浚则说："不打是打。"巧嘴姑娘则以"进门还是出门"制住了财主的"上马还是下马"。只有这样，才能抓住敌论的荒谬之处，置对手于被动之地。

# 07 戴高帽

戴高帽，这是一个备受争议的词，有人说它是个褒义词，有人认为它是贬义词。事实上，它是中性词。

在《北史·熊安生传》中有这样的记载："（宗）道晖好著高翅帽，大屐。州将初临，辄服以谒见，仰头举肘，拜于屐上，自言'学士比三公'。"后因谓妄自尊大，喜人称赞，为"戴高帽"，也以吹捧、恭维别人，为"戴高帽"。在上等智谋中，戴高帽是指这样一种谋略：它以恭维为手段，消除对抗因素，把某种观念情感传递给对方，从而缩短心理距离，影响和改变某人的心理和行为。

一直以来，有不少人都把溜须拍马当作是一种下三烂的伎俩。事实上，戴高帽策略，还是有其积极的一面的，它的意义和价值、鼓励作用、柔化作用、暗示作用，往往能消除对抗，化解矛盾，教育启发对方。

**鼓励作用。**有人做过比较，同样一件事，采取批评讽刺的态度远不及鼓励的有效，虽然鼓励并不等于戴高帽，但戴高帽却有鼓励作用。

有甲、乙两个猎人，各打了两只兔子回家。甲的妻子说："出去一整天，才打了两只。"第二天他故意空着手回家，让妻子知道打猎是件不容易的事。乙的妻子却不同。她见丈夫带回两只兔子，欢天喜地地说："啊！打着两只这么大的兔子，你真了不起呀。你看，枪法真准呀！不偏不歪，正打在兔子脑袋上。"妻子的一番话，说得乙猎人更来劲，第二天打猎的劲头更大，也许能打回更多的兔子。

英国大文豪莎士比亚说过："希望别人有某种优点，你就赞美那人拥有你希望于他的优点。"假设你是报社主编，如果你的部下记者字写得很差劲，字迹潦草，看起来十分吃力，你希望他能够注意到这个毛病，怎么办呢？要是你直截了当地向他指出，也许会引其不悦。如果换一种说法："你的文章我佩服极了，我经常让自己的孩子看你的文章，因此，孩子写的作文也有了长进。但是如果你的字写得好一些，那就是锦上添花了。凭你的水平，只要将写文章的功夫花一点在写字上，你一定能把字写好的，而且你是一个有决心的人。"如此一席话，信任中有鼓励，表扬中有批评，高帽子一戴，部下的字应该再也不会马虎了，很快就将写得工整起来了。

**柔化作用。**戴高帽通过赞美奉承，既能维护对方自尊心，阻止矛盾和对立，又能为启发教育创造条件，打下基础。

有一天，秦始皇上朝，因某事与大臣中期发生了激烈的争论。结果，中期赢了，执拗的中期竟一句客套话也不说便大摇大摆地走了。争强好胜的秦始皇觉得失了自家的体面，不禁勃然大怒。秦始皇的暴戾专横令大臣们都为中期捏了一把汗，都想救中期但又不敢上前。这时有个人上前来打圆场道："中期这个人是个蛮人，性子倔，幸亏他遇上了您这样豁达宽容的明君，要是先前遇上了夏桀、商纣那样的暴君，那肯定是要被杀头的。"一席话，把秦王说得心里美滋滋的，也就不把刚才的事放在心上了。恭维的话竟然使秦始皇打消了杀掉中期的念头，"戴高帽"之效力显而易见。

**教育作用**。以戴高帽为手段，在吹捧的同时，暗度陈仓，进行教育，往往会收到明显的效果。

白桦与秋香谈恋爱谈了很多年。但是秋香又有了新的对象，于是就中断了与白桦的恋爱。白桦知道后，非常气愤，打算伺机报复。白桦的上司知道了这件事后，非常着急，因为他深知自己部下的脾气，他找到了白桦，对他说："听说你要去找秋香的碴儿，我可不相信有这件事，你不是那种没有眼光的人。你可是个有知识、有文化、知进退的人，怎么会去做那种事呢？那是傻瓜做的事。你看，我可没有说错吧，别人不知道你，难道我还不了解吗？"

这一席话把白桦说得暗暗发窘，也只好顺水推舟说没有那回事儿，最终放弃了报复的念头。

**暗示作用**。在运用"戴高帽"这个智谋的过程中，在奉承的同时，把某种观念和感情传递给对方，从而影响和改变某人的思想和行为。

综上所述，我们可以看到，秦大臣对秦始皇戴高帽的规劝，结果使之放弃了杀中期的企图；乙猎人得到鼓励，结果激发了多打猎物的积极性。

运用戴高帽子的谋略时，注意要有积极的目的和客观效果。策略是一种手段，而不是目的，只有出自积极的目的并有良好的效果，戴高帽策略才有积极的意义，否则便形同谄媚奉承，给人以虚假的感觉，过分地直露反而会引起对方的反感。

# 08 两难选择

张之洞任湖北总督时,恰逢新春佳节,抚军谭继洵为讨好张之洞,主动设宴招待他。不料,席间两人因长江的宽度争得面红耳赤。张之洞说:"长江宽七里三。"谭继洵说:"长江宽五里三。"他们各执己见,互不相让。

这时候,位列末座的江夏知县陈树屏说:"两位大人说的都对,长江水涨时宽七里三,水落时宽五里三。"这话给两人解了围,两人捧腹大笑。

张力开了一家菜店,但因经营无术,生意不佳。原来,当顾客上门时,他会主动地问道:"要菜吗?多好的菜,价格又低。"尽管如此,顾客还是不太多。后来,他改变了问法,热情地问顾客:"你要多少?二斤,还是三斤?菜绝对好。"这么一改,居然让他每天都做成了不少生意,营业额直线上升。

年轻人徐山爱上了姑娘小慧。但由于小慧生性腼腆矜持，因此徐山的追求进展不大。当徐山邀请小慧去看电影时，她总是以某些托词予以婉拒。徐山不免有些失望。于是他向好友小王请教，小王教了徐山一个方法。第二天，他就按小王的方法去邀请小慧姑娘。

"今天晚上去看电影，还是去跳舞？""跳舞？舞厅里人杂，还是去看电影吧。"于是他成功地邀请到了小慧。慢慢地，两人开始了恋情。

上述三例，陈树屏的解围、张力的发问和徐山的邀请，都采用了两难选择的问法，所以均获得了成功。

两难选择是这样一种上智策略：把自己的意图隐含在两个选择当中，供对方选择。对方无论选择哪一种方案，都符合说话人的意图。虽然还有第三个可能，但此时对方的第一反应往往是两者选一。

南朝有个王僧虔，他学识渊博，智慧过人，尤其以书法闻名于世。在少年时代，王僧虔曾在一把扇面上用隶书写了一首诗，被南朝宋文帝看到了，大为惊奇，于是便把他召来做太子的门人。到了元徽年间，王僧虔还被拜为吏部尚书。

当时，雍州破获了一桩盗掘古墓的案子，收缴了大批珍宝文物，其中还有一批竹简、皮革和锦帛，上面写了许多文字，但没有人识别得出来。这时，人们想到了王僧虔，便拿这些文字去请教他。王僧虔看了后说："这些是蝌蚪文，记载的是周朝典籍中所缺遗的材料。"

这时，南朝的宋已经被齐所取代。时任皇帝齐高帝萧道成非常赏识他，便拜他为侍中。

萧道成也是热爱和擅长书法之人，当然，他心里也明白，自己的水平是比不上王僧虔的。某日，他突然心血来潮，想要跟王僧虔一争高低。

其实不用比试，胜负也是明摆着的。并非因为对手是皇帝，就能够故意谦让得了的。王僧虔写字从来都是严肃认真、一丝不苟的，接到皇帝要跟自己比试的"战书"，他还是像往常一样，写出了一幅浑厚纯朴的正楷大字和一幅游龙走凤的草书。

在场看热闹的大臣，在由衷赞叹之余，又都为王僧虔暗暗捏了一把汗。难道他不知道对手是至高无上的皇帝吗？赢了皇帝，那还了得！

萧道成也写完了字，然后问王僧虔道："你看我们的字，谁是第一名？"

王僧虔仔细看了萧道成的字后，认真地回答道："臣第一，陛下也是第一。"

萧道成哈哈大笑，说："世间哪有这个道理呀，比赛哪会有两人都得第一的？"

王僧虔从容地回答说："世间本来就没有天子屈尊与臣子比赛的呀！臣说陛下第一，是对其他帝王而言；说臣第一，是对周围的大臣而言的。"

萧道成大笑地说："你真会说话！若是叫我处在你的地位，就会这样说：'臣正楷第一，草书第二；陛下草书第三，而正楷第二；陛下没有第一，臣没有第三。'"众大臣也跟着陪笑。

在这次书法比赛中，齐高帝萧道成给王僧虔出了一个"两难选择"的难题，而王僧虔则非常聪明地给予了回答。

在上等智慧中，使用"两难选择"，往往能出奇制胜。两难选择的用"奇"，奇就奇在貌似征求对方的意见，但其实是让对方不知不觉地服从自己的意图。

两难选择演化于两难推理，是由两个假言前提和一个选言前提构成，并且根据假言选言的逻辑性质进行推理的选择。两难推理常应用于辩论，辩论者一方指出两种可能，又由这种可能引出对方难以接受的结果，迫使对方在二者中择一，而处于进退维谷的境地。

两难选择因为选言没有穷尽，因而是违反逻辑的，但作为上等策略，在一定条件下，有一定的应用价值。策略是一种工具，敌能用之，我也能用之，主要是看施策者站在什么立场上。

两难选择的智谋往往有两种：一种是肯定性的，另一种是否定性的。肯定性两难选择，是指让对方选择的方案无论选哪一种都符合说话人的意图。

让我们看看下面的一个例子：

国王："有谁能说出一件非常荒唐的事，让我不得不说出这是谎话，我就把一半江山分给他。"

一个农夫夹着一只斗走进王宫："陛下欠我一斗金子，我是来讨要金子的。"

国王："一斗金子，我如此富有，怎么会欠你一斗金子？"

农夫："好，既然是谎话，那就分一半江山给我吧！"

国王："这……这……不，不，是真话。"

农夫："好！既然是真话，那么你还我一斗金子。"

否定性两难选择是让对方选择两个方案，无论对方否定哪一种，都符合说话者的意图。

有一次，阿凡提家里丢了一匹马，他获悉是一位邻居偷走的，便同一位官府捕头到邻人农场去索讨。但是邻人拒绝归还，并声称是他家里的马。阿凡提灵机一动，走上前去，用双手蒙住了马的双眼，对邻居说："如果马是你的，那么请你告诉我们，马的哪只眼睛是瞎的。"

"右眼。"邻人答道。

阿凡提放开蒙住右眼的手，马的右眼并不瞎。

"我说错了，马的左眼才是瞎的。"邻人转口辩解。阿凡提又放开蒙住左眼的手，马的左眼也不瞎。

"我又说错了……"邻居哑口无言。

"是的，你错了。"捕快说："这已经证明马不是你的，你必须把马还给阿凡提。"

事实上，两难推理往往会成为一种极易上当的圈套。"马的眼睛哪一只是瞎的"隐含着"这匹马有一只眼睛是瞎的"。邻居失去警惕，瞎猜，终于上当。因此，在应用两难选择时，我们必须站在正确的立场上。

某地统治阶级为了剥削农民，每年请和尚念经除灾，祈祷免除冰雹灾害，为了迫使农民交钱，也来了一个"两难选择"：如果当年没有发生冰雹灾害，则农民要交钱表示去灾；如果念经后还是下冰雹，则农民心不诚要罚款。总之，念经后不管下不下冰雹，农民们都必须交钱。这是一种诡辩，因为其两个前提都是假的，是站在剥削阶级立场上来盘剥农民的。

那么，我们应该怎么样去应对两难选择呢？

提出两个方案供对方选择，实质上是个圈套，事实是还有更多方案可选择，只是由于当时反应不过来。因此，不要匆忙地做出选择，就是一种应对的方法。另外，只要摸清说话者隐含的意图，就能揭穿对方，而不至于上当受骗。

两难选择又被称为"二刀法"，它令你进退两难，莫衷一是。例如，范增为了陷害刘邦，就曾经使用过"两难选择"，而刘邦却以模糊语言而化险为夷。

楚灭秦时，楚怀王兵分两路，东路由项羽率领 70 万兵马，西路由刘邦率 10 万兵马，同时向关中进发。双方有约在先：谁先进关谁为关中王。结果刘邦先进关中，但因当时项羽兵多势众，不服刘邦，便欲设计害之。项羽自尊为霸王，封刘邦为汉王，打算让刘邦到南郑去。谋士范增极力反对，说："那地方内有重山之固，外有峻岭之险，让刘邦去，岂不是放虎归山？"项羽问："那有什么办法杀他呢？"

于是，范增就给项羽出主意说："等刘邦上朝，大王便问他：'寡人封你到南郑去，你愿不愿意去？'如果他愿意去，你就对他说：'我早就知道你愿意去，因为那里是养兵练将、聚草屯粮的好地方，你在那里养足了锐气，好与我争天下，对不对？这就证明你有反我之心，来人呀，给我绑出去砍了！'如果他不愿去，你就说：'我知道你是不愿意去的，本来楚怀王有约在先，谁先入关谁为关中王，让你去南郑，你怎么会愿意去呢？既然不愿去，就是要在这里反我啦。与其如此，不如现在就把你杀了。绑出去砍了！'这样，想来刘邦无论如何，亦难逃灭顶之灾啦。"

密谋之后，项羽便召刘邦上殿。见到刘邦，项羽便迫不及待地问道："寡人封你到南郑去，你愿不愿意去啊？"见项羽问得这么急，刘邦心里不免纳闷。虽然愿意去，但他又不敢表露，于是便这样答道："臣食君禄，命悬于君乎，臣如陛下坐骑，鞭之则行，收辔则止，臣唯命是听。"

刘邦既没回答想去，也没说出不想去，这种模棱两可的话，完全出乎项羽的意料，他无可奈何，只好说："你要听我的，南郑你就不要去了。"

刘邦顺水推舟地说："是，臣遵旨。"就这样，刘邦用"模糊语言"的策略，来对付范增设计的"两难选择"，救了自己一条性命。

## 09 踢皮球

踢皮球，是一种破坏对方希望和要求的策略，把对方的要求当作皮球那样踢来踢去，它通过不断地转换对象，在迂回中，使对方疲于奔命，从而达到破坏对方的要求的目的。

踢皮球策略有其特定价值，不妨先看一个例子，再做论述。

宋仁宗13岁登上皇位，两年后，册立郭氏为皇后。郭皇后虽然为六宫之主，却得不到宋仁宗的宠爱。在宰相吕夷简的怂恿下，宋仁宗决定废黜皇后，理由是因为郭皇后失手，扇了皇帝的脖颈，而且，皇后立了9年也没有生下儿子。

但废黜皇后，不是皇上的私事，而是关乎社稷的大事，宋仁宗的诏书一下，立即遭到谏官们的反对。谏官孔道辅率领范仲淹、孙祖德等10人前往垂拱殿劝谏。这些谏官中，范仲淹是《岳阳楼记》的作者，时任右司谏，以正直敢言而闻名天下。宋仁宗知道这些谏官不好对付，便来了一个"踢皮球策略"。

这些谏官们跪在垂拱殿门口，说道："皇后是一国之母，不能轻易废掉。请皇上召见我们，让我们把意见说完。"可是内侍关了殿门，不让他们往里传。孔道辅用力叩动门环，大声说道："皇后被废，使圣上落下坏名声，如此重大之事，为什么不让谏官说话！"过了一会儿，宋仁宗传出话来："你们到中书省去见吕夷简，他会告诉你们为什么皇后应当被废掉。"

于是孔道辅一行10人气呼呼地来到中书省，质问吕夷简："大臣对于皇上和皇后，就像儿子对待父母一样。父母不和，应当劝谏，怎么能顺着父亲将母亲赶走呢？"吕夷简答道："废掉皇后，前朝已有先例，有什么不可？"孔道辅与范仲淹反驳道："作为人臣应当引导君主学尧舜，怎能效法汉唐失德废后呢！你因东汉光武帝废掉皇后而劝皇上，这正是光武帝的失德之处，何足效法？"其他大臣也七嘴八舌地质问。吕夷简见自己寡不敌众，势单力薄，于是又把皮球踢回去，说道："诸位还是自己去向皇上陈述意见吧。"孔道辅、范仲淹等人无奈，相约第二天上朝，会同百官与吕夷简在皇上面前争辩。

"皮球"踢来踢去，吕夷简却得到了机会，来个先发制人，他当夜上奏宋仁宗："谏官串通一气跑到殿门口请求召见，这是太平盛世所不容许的，应该把他们赶出朝廷，以示惩戒。"第二天，孙道辅等人走到半路，就接到了宋仁宗的诏书。这道诏书，将孔道辅贬到泰州，把范仲淹贬到睦州，另外几个人各罚铜钱20斤。

由此可见，踢皮球策略之所以能粉碎对方的企图，往往有以下几个原因。

**第一，在迂回中得到好处。**踢皮球实质上是一种迂回术，让对手来回奔波，而自己在迂回中寻找机会，对准对方的弱点下手，以获得成功。宋仁宗对付孔道辅等谏官，采取的就是这种方法。

不断地变换谈判对手，就等于取消谈判。踢皮球是一种巧妙的拒绝艺术。由于不断地变换谈判对象，也就等于没有固定的谈判对象，也就等于拒绝了对方，从而阻止对方达到自己的目的。宋仁宗要废黜皇后，为了对付大臣的劝谏，就把皮球踢来踢去。由于不断地转移谈判对象，众大臣实质上陷于被动之中。这种策略有时也有积极意义。在生活中，有时候会遇到胡搅蛮缠的人，为了让对方冷静下来，开始阶段不妨来个"踢皮球"，给予时间，让他自己反复思考。

**第二，矛盾转移。**"踢皮球"并不是正面直接地表示自己否定的意见，为了避免正面交锋和直接交锋的难堪，把矛盾转移给他人。以孔道辅、范仲淹为首的一些谏官，敢于直面犯颜，无所畏惧，他们叩动皇宫门环，面君评理，宋仁宗如与之正面交锋，难免下不了台，于是他让他们去找吕夷简，这实质上是转移矛盾。站在正确的立场，"踢皮球"作为一种策略，也有一定的积极意义。

**第三，轮番轰炸的疲劳术。**踢皮球策略让对方不停地改换谈判对象，从而有意识地让对方陷于疲惫状态，而从中谋利。

某电影公司在商谈中常常使用这个策略。某演员的经纪人与公司谈判，先与下级谈，经过一番舌战，好不容易达成一致意见，老板又表示不同意见，双方又要开始一番唇枪舌剑的谈判。皮球每踢到一处，总要来一番这样的谈判，直至达到目的为止。

# 10 小骂大帮忙

小骂大帮忙，顾名思义，就是以骂为手段，以帮为目的。

小骂大帮忙是在特定条件下采用的一种策略。为了达到帮助和开脱对方的目的，表达上却对对方进行批评和责骂。这种策略以骂为手段，以帮为目的，称之为小骂大帮忙。

后唐庄宗李存勖喜欢打猎。有一次他为了打猎，纵马踏坏了农民的一大片庄稼。当地县令一看，直接来到庄宗的马前，直言劝谏庄宗应该爱护百姓。结果，庄宗大怒，立刻下令要杀了县令。

此时，受到庄宗宠信的伶人（也就是戏曲演员）敬新磨忽然走到县令面前，破口大骂道："你个当官的，难道不知道陛下喜欢打猎吗？为什么还要让农民种地、为国家缴纳赋税？为什么不赶紧把他们赶走，让他们饿死，好让陛下在此纵马驰骋？你该当死罪！"然后又转头对庄宗说："陛下，这人实在可恨，请您立刻处死他。"消了气的庄宗马上就明白了敬新磨的用意，大笑着释放了县令。

小骂大帮忙的谋策有值得重视的规律与价值，我们可以从以下三个方面来分析一下。

**第一，"小骂大帮忙"往往是在艰难困境中采取的策略。**

很多时候，对方怀有敌意，正面说理根本无法说动对方。此时如果能以骂为手段，达到帮忙的目的，就是特定环境下选定的特定策略。

**第二，骂不仅是特定环境的特定选择，而且还有特定的策略价值。**

通过骂，堵住了对方的嘴巴，也表明自己和有关的一方——被拯救者处于对立状态，要帮被害的一方，必然要和有关的另一方处于对立状态。

小骂大帮忙采取虚而实之的谋略，表面上骂一通、批一通，这就撇开了自己和对方的对立地位，以一致的立场为大帮忙打下基础。

《百战奇法·虚战》云："凡与敌战，若我势虚，当伪示以实形，使敌莫能测其虚实所在，必不敢轻于我战。"《草庐经略·虚实》云："虚实在我，贵我能误敌，或虚而示之以实，或实而示之以虚。或虚而虚之，使敌转疑以我为实。或实而实之，使敌疑以我为虚。"小骂大帮忙，名为骂，实为帮，以骂为手段，借此迷惑对方，从而达到帮助的目的，深得虚实兵势之妙。

**第三，"骂"还具备启发功能，通过骂，给对方暗示启发，从而中止他的行为，达到"大帮忙"的目的。**

敬新磨是五代时期后唐一名优伶，因为李存勖喜欢演戏，他才得以入宫。此人不仅聪明伶俐、擅长口才，而且正直善良。敬新磨保护县令的一段话，也带有戏剧色彩，可谓小骂大帮忙。通过骂，反话正说，暗示启发李存勖，使之转怒为喜，恢复良知，这样也就避免了一场灾祸。

# 11
## 委婉·潜台词

很多人都很懂得什么时候该说话，什么时候不该说话，什么时候该说什么话，什么时候用什么话来代替本该说的话。这些智慧的口才技能，前面已经介绍了若干，在本章节中，再介绍两个非常实用的策略：委婉和潜台词。

**委婉**

使智用谋，当见机行事，随情而变，因人而异，因情制宜。如具体环境不允许直抒见解，或者自己不愿意直说时，则需另觅途径。委婉就是一种在特定的环境下，不锋芒毕露，避免正面冲撞的好办法，它既是一种以柔和含蓄的方式表达自己意见的方法，又是一种说服对方的策略。

委婉制胜，有其内在的规律性，委婉策略的思考正是按照这一规律性对自己的说话方式做出的选择。需要使用委婉策略，通常有两种情况，第一种是说话者处于一种被动的地位，不具备正面直言的条件。舌战往往是心战，有时客观条件要求说话时避免矛盾激化，而必须想方设法使其感情冷却，使对方在冷静的思考中领悟，在愉快和主动的思索中接受意见。第二种是具体环境可以直说，但自己不愿意直说，只能婉转表达，使对方既不感到失面子，而又乐于接受。

有一个小伙子向老人问路："喂！去索家庄应该走哪条路，还有多远？"老人对小伙子的傲气和没礼貌很不满意，随口答道："走大路一万丈，走小路七八千丈。"小伙子摸不着头脑："怎么这里论丈不论里？"老人笑着道："小伙子，原来你也会讲'里'（礼）。"小伙子这才感到失礼，连忙向老人道歉。

这个小伙子语言不文明，对此老人没有直言批评，正面指责，而是借谐音引起小伙子注意，使其在醒悟中接受批评。

有难言之隐者，可以委婉表达自己的意思。

有一天宋太祖答应任命张思光为司徒通史，张思光非常高兴，一直引颈企望宋太祖颁布任命，但宋太祖那里始终没有动静。张思光等得不耐烦，想寻机询问，最后终于想出了一个办法。

这一天张思光故意骑着瘦马去觐见宋太祖，宋太祖果然觉得奇怪，便问他："你的马很瘦，你一天喂多少饲料给它呢？"

"一天一石。"

"不少啊，可是每天喂一石怎么这么瘦呢？"

"我是答应每天喂它一石啊！但是实际上并没有给他吃这么多，它当然会这么瘦了！"

宋太祖听出了他的话外之音，于是马上任命张思光为司徒通史。

## 上智

宋太祖说话不算数，固然不对，但要直言讨要，张思光却说不出口，只能借题发挥，托物喻理，话虽然没有明说出来，然而意思却明明白白，委婉地表情达意，撇开了直言不讳的弊病，具有独特的功能。

那么怎么才能把话说得委婉，以理服人呢？

要是被说服的对方处于强力优势地位，而自己处于弱小劣势地位，则只能走以柔克刚的道路。但此时直说不行，不说也不行，只能柔化口气慢慢地说。此时委婉的语言往往大有用武之地，它富有弹性，能改变自己语言的软硬度而不改变谈话的性质。

秦始皇时期，有一个名叫优旃的侏儒。有一天，秦始皇举办宴会，正好外面下起大雨，侍立在外面的陛楯侍卫们被冻得瑟瑟发抖。优旃十分同情他们，就对他们说："想休息一下吗？一会儿我会叫你们的名字，你们要记得回应我。"随后，他站在大殿门槛上，大声呼喊："陛楯郎！"侍卫们回答："在！""你们长那么高有什么用？只能在外面淋雨。而我虽然矮小，却能在里面休息。"秦始皇听闻，便下令将侍卫们编为两队，轮流侍卫。

又有一次，秦始皇想要扩大皇家的园林，东起函谷关，西至雍地、陈仓。大臣们都不敢多说什么，只有优旃上前回应道："太好了！您可以在里面多放些奇珍异兽，这样一旦有贼人入侵，就派麋鹿去抵御他们好了。"秦始皇大笑，随后打消了念头。

到了秦二世时期，秦二世想要为城墙涂上油漆。优旃说："太好了！就算陛下不说，我也正打算提议此事呢。虽然要劳民伤财，也没关系！涂上油漆，城墙变得光滑，贼寇来了也爬不上去了。不过，就算涂油漆这事很简单，想要找个能让城墙阴干的房子却是难事，毕竟没有那么大的房子。"秦二世大笑，随后下令停止计划。

谈言微中。谈言微中指的是谈话委婉微妙，在有意无意之间把话说到问题的要害上。它往往是采用迂回的办法，避开对方的心理防线，淡淡地引入，启发对方思考，在深深的思考中顿悟，接受对方的意见。

寇准是北宋著名的政治家，为人刚毅正直，思维敏捷。但他的弱点是不注重学习。张咏在成都听说寇准入朝做了宰相，就对别人说："寇公奇才，可惜学习不足啊！"后来张咏从成都回京城探望寇准，临别时寇准问："你对我还有什么指教？"张咏慢慢地说："《霍光传》不可不读。"寇准不明白他的用意，回家翻出《霍光传》，看到"不学无术"几个字，笑着说："这就是张公对我说的话啊。"

寇准刚刚当上宰相，要他注意学习，这个中肯的意见是很难直说出口的，张咏的高明之处在于他只说了一句"《霍光传》不可不读"，意欲让寇准在读《霍光传》时体会其意义，懂得其中要学习的道理。寇准看了《霍光传》后笑着说："这就是张公要对我说的话啊。"看来寇准的悟性较强，领会了张咏的意思，从而也就像听到了张咏不肯直接说出口的话。

委婉，还要学会动之以情，晓之以理。如果你不便直言，则应尽量柔化口气，说得委婉而带有感情，让对方易于接受。

## 潜台词

潜台词，原是戏剧电影术语，指角色台词的内在实质，包括台词中所包含的或未能由台词完全表达出来的言外之意和未尽之言。言外之意和未尽之言，虽然没有说出来，但它的意思是十分明白的，在特定的语言环境中完全可以理解。在人际交往中，就可以把一些伤人的又不便直说的话用潜台词表达出来。实际上只说半截话，另外半截——言外之意，让对方听了，又心领神会，从而达到讽喻劝谏的目的。

通常情况下，潜台词由明项和潜项组成。明项是说话人明白说出的那部分；潜项是说话人没有说出的那部分，潜伏在明项背后，乃说话人的言外之意，不尽之言。明项和潜项是一个有机的整体，两者之间有一种联系，听者可以从这种联系中知道潜台词的全部意思。

我们可以通过下面这几个小故事，看看潜台词，亦即言外之意和未尽之言是什么。

将军有一次吃饱了饭，摸着肚子感叹说："我没有辜负你！"身旁的人说："将军没有辜负这个肚子，只恨这个肚子辜负了将军。"言外之意是说，这里边很少出智谋。

岐山有位王生，按老例交纳了小米三千斛（古代以十斗为斛，南宋末年改五斗为一斛，两斛为一石），得到一个助教（学官名）的官。他又用高价买了一匹骏马作为自己的坐骑。但王生总觉得这匹马弱，常常不满意。李生是一位了解王生底细的郎中，故意称赞王生的坐骑强壮，说那个价钱还是很便宜的。王生奇怪地问他为什么这么说，李生回答道："这匹马能驮得起三千斛谷子，难道还不健壮吗？"言外之意是说："你这个官是用三千斛小米捐来的，其实一点学问也没有，别再装腔作势了。"

北宋书画家米芾非常精于临摹名人书画。他常借了人家的古画，精心临摹一张，然后把他临摹的那张画同原画一并还给人家，还让人家挑选，一般的人都分辨不出哪张是真的古画，哪张是赝品。米芾用这种临摹的办法，得了无数张人家收藏的名人字画。有一次在涟水，他遇到了一位卖画人正在出售一幅画，那幅画是唐代画家戴嵩画的牛。戴嵩画牛很有特点，艺术性很高，与韩干画的马并称为"韩马戴牛"。米芾一看是真品，就借过来用了几天的工夫临摹。在归还画主的时候，他把自己临摹的那张赝品当真品还给了人家。画主人当即指出那是赝品，不是他原来的那一张。米芾问为什么这么说。画主人说："真品上面的牛眼睛里有牧童，而临摹的那张却没有。"弄得米芾哑口无言，只好乖乖地把那张真品归还给人家。杨缵任丹阳郡守时，米芾正好到丹阳，就留了他几天。米芾要离开丹阳了，杨缵说："今天，我要让厨师为您做河豚羹。"河豚是一种名鱼，味道鲜美，又名鲐、鲑，也称河鲀。可是，杨缵暗中让厨师用别的鱼做了鱼羹。等鱼羹摆上桌子，米芾很是怀疑，就不再吃了。这时候，杨缵笑着说："公不要怀疑，这是河豚的赝本（伪托的书画）罢了。"

以上三个故事，都是巧借潜台词来达到讽喻劝解的目的。讽刺尖刻，却又含蓄。言外之意，不尽之意，均在其中。

巧用潜台词的策略价值在于不便说的话、伤人的话可以借助于潜台词说出来。将军饱食终日，无所用心；王生用三千斛小米捐官；米芾以赝品骗取真本。这些均为丑事，而李生、杨缵揭人之短而又不伤人，这便是潜台词的价值。言外之意，藏在潜台词背后，让人意会，说话之人并不直言，因而说话之人可进可退，并不留任何把柄。言外之意转弯抹角地说出，让人心领神会，因而委婉得多，虽然揭人之短，但又维护了对方的自尊心，这样易让人接受，劝谏效果显然也好得多。

巧用潜台词的方法很多，下面我们介绍几种比较常见的。

**潜喻体。**即利用构成比喻的本体和喻体的内在联系，以本体为明项，以喻体为潜项的潜台词。只要把本体明白说出，喻体也就清清楚楚了。

**潜下句。**即利用成语、歇后语、格言或者诗句上下句的关系，以上句为明项，以下句为潜项构成潜台词，只要说出上句，下句的意思自然明了。有个学生因期末考试比较理想，喜形于色，结果连假期作业都没有认真完成，班主任老师找他谈话，说："谦虚使人进步啊！"学生马上领会了老师想说的意思："老师，您是否认为我骄傲了？"看来，他只听了老师上半句话，就明白老师的意思了。

**潜结论。**利用事实和结论的必然联系，以事实为明项，以结论为潜项构成潜台词。只要把事实讲清楚，结论也就不言而喻了。例如：一家长批评孩子学习进步不大。孩子回答："期中考试我总分是全班第 30 名，期末考试总分是班里第 10 名。"孩子的回答，否认了进步不大这一事实，潜结论——学习进步大。由于明项的暗示，潜项结论不言而喻。

**潜局部。**利用整体和局部的内在联系，以事物的整体为明项，以事物的局部为潜项构成潜台词。

搞清洁卫生工作时，有人为了图方便，将垃圾扫完堆在门口了事，勤杂工人小王见了微微一笑，说："别忘了，我们都在无私奉献。"小王说的是事物的整体，无私奉献潜指的是事物的局部，批评办公室职员只图方便不顾别人。虽然他点明的是事物的整体，但其弦外之音是十分清楚的。

巧用潜台词的方法有很多，因为构成潜台词的方式很多，只要巧用明项和潜项的关系，就能借弦外之意来讽喻劝谏。

巧用潜台词要注意以下几点。

**第一，要注意使用彼此熟悉的潜台词。**一旦对方连潜台词的基本含义都不懂，那潜台词自然就没有意义了。

**第二，要因人而异。**潜台词是弦外之意，没有一点理解能力是听不懂的，如果潜台词过于生疏难懂，这就起不到应有的效果。

**第三，要注意明项和潜项的内在联系。**应用潜台词时，一定要使明项和潜项之间的关系明了，使人一听到明项就知道潜项所指。

# 12 因人施言·相机而行

正所谓"见人说人话，见鬼说鬼话"，在不同情况下，我们说话办事就必须因人、因时、因地制宜，切勿"一刀切"，死脑筋。在这里介绍的因人施言和相机而行两种策略，就是从语言和行动上，分别介绍如何应对不断变化的社会。

## 因人施言

因人施言，由成语"因材施教"演化而来，强调依照不同的具体情况，采取不同的方法，施行不同的教育。因材施教是教育学上的一个原则，主要强调教师进行教育，要从学生的实际情况出发，注意学生的年龄特征和个性差异，有的放矢地进行教学。使智用谋，与此相似，也要注意策略的针对性，反对主观盲从，要使主观切合实际，并且要注意对方的个性特征。

使智用谋，在于说服对方，须因人而异，因人制变。孙膑云：

"善战者因其势而利导之。"《孙子兵法》又云："夫兵形象水，水之行，避高而趋下；兵之形，避实而击虚。水因地而制流，兵因敌而制胜。"这些都是强调因人设谋，灵活用兵。

战国中后期，秦国实行商鞅变法，因发展农桑，提倡耕战，国力日益强大，对此，齐、楚、燕、韩、赵、魏等国均感觉受到了威胁。对此苏秦提出了合纵的应付之举，即将六国联合起来，结成联盟，共同抗敌。六国的国力不同，兵力相异，态度也不相同。苏秦的游说因人而异，灵活施言，见机行事，终于达到了合纵的目的。

战国时期，韩国是小国，由于力量悬殊，韩国没有信心与任何强国抗衡，就像是墙头草，随风倒，谁强就投靠谁。苏秦对韩国君王采用的主要方法是规劝和激励。

苏秦劝韩宣王说："韩国土地方圆九百里，甲兵数十万，天下的强弓、劲弩、利剑都出自韩国。韩国士兵跳跃跑动中射箭，可以连续射百次不止。凭着勇猛的韩兵，披上坚固的铠甲，挎着硬弓，带着利剑，以一挡百，不在话下。大王如果侍奉秦国，秦国必定要求割让宣阳、成皋；今年送给他，明年又再要求割地。到那时，给吧，没有土地了；不给，则前功尽弃。况且大王的土地有限，而秦国的贪求没有止境，用有限的土地去迎合他无止境的贪欲，这就可谓埋下了怨仇结下恶果啊！秦国不动一刀一枪而土地却已削光了。俗话说：'宁为鸡口，无为牛后。'凭大王的贤明，掌握着强大的韩军，而招来牛后之恶名声，我私下替大王感到羞耻！"韩宣王听从了苏秦的话。

苏秦劝说韩宣王，主要是劝说和鼓励，分析韩国有利的一面，使之树立信心，克服畏惧心理。为了说明事秦之后果，引用了"宁为鸡口，无为牛后"的俗语，这对一个至高无上的小国国君来说是一个极大的刺激。俯首称臣，受人支配，不如铤而抗秦，在小国做主，这句话的确说中了韩王的心理。

楚国是六国之中的强国，苏秦的劝法则与前全然不同，他的一席话，迎合着楚威王的野心而投其所好，诱之以利。

苏秦劝说楚威王："楚国是天下的强国，土地方圆五千里，拥兵百万，兵车千乘，战马万匹，粮食够吃十年，这些是称霸的资本。秦国想侵害的就是楚国，楚强则秦弱，两国势不两立。故为大王打算，不如合纵友好来孤立秦国。我愿意叫各国献上四季的献礼，接受大王英明的诏令；把各国的政权交付给大王掌握，训练士兵，磨快兵器，听凭大王的调遣。所以合纵友好，则诸侯各国侍奉楚国。如果连横，则楚国割地侍奉秦国。此两策差距太大，大王您选择哪一种呢？"这样，楚威王也答应合纵。

苏秦的一席话是完全对着楚国的野心而发。楚国地大物博，粮食够用十年，这是称霸的条件。此外苏秦极力渲染楚国称霸后的情形："臣请令山东之国，奉四时之献，以承大王之明诏；委社稷，奉宗庙，练士厉兵，在大王之所用之。"这些话尽管是空头支票，但对野心勃勃的楚威王来说是正中下怀。

苏秦游说的结果是"为从约长，并相六国"。苏秦游说有方，策略独特，其中重要的一条，在于因人施谋，因人施言，见机行事，各得其所。

因人施言的另一个意思是说话要从对象的实际情况出发，符合他们的个性特征，采取不同的说话谋略。

总之，因人施言是智谋中的一条重要原则。它要求在陈述理由说服对方的时候，要因人而异，要针对不同的人，要符合对方的个性特征，机动灵活，才能达到最佳预期目的。

## 相机而行

兵家用兵，历来重时机。两军对垒，重在把握时机。弱者得机，走出困境，反败为胜；强者虽强，失去战机，兵败如山倒。之所以如此，就是因为战机是战胜敌人、转变局势的关键，是出现在一定时间、空间内的有利于己而不利于敌的趋势、空隙、裂缝，把握良机则是及时把握这些关键。

相机而行之机是什么？《兵经百言·机》云：态势上安危所系的地点是战机，战局的转折点是战机，事情的紧要关头是战机，恰到好处的时间为战机。

相机而行，就要捕捉最佳的时间和地点。汉献帝建安十三年，曹操下战书给孙权，称率水陆80万大军，要吴投降。以张昭为首的主和派力主孙权投降曹操，大兵压境，投降派一时占了上风。鲁肃主张抗曹，但是势单力薄，孤掌难鸣。然而鲁肃居然说服了孙权，原因是鲁肃及时捕捉了说话的良机。请看《资治通鉴》中的一段记载。

孙权与满朝文武在堂上议事，只有鲁肃一个人没有开口。孙权起身更衣，鲁肃追随于其后到屋檐下。孙权知其意，拉着鲁肃的手说："你想说什么？"鲁肃说："刚才我分析了众人的意见，都是要耽误将军您，不足以与他们商量大事。我可以投降曹操，而将军您却不可以。为什么这样说？如果我投降曹操，曹操将会把我送回老家，评定我的名位，还少不了在下层部门给我一官半职，坐上牛车，带着吏卒，和士大夫交往，逐步升官，仍旧做得上州郡的长官。将军您投降曹操，能得到什么结果呢？愿将军早定大计，不要采纳他们的意见。"孙权叹息说："他们那些人拿出的主张，很让我失望。现在你阐明大计，正和我一致。"

对主战派来说，要战胜主和派，有一定难度。首先，形势对鲁肃不利，曹操挟天子以令诸侯，率百万大军，千员上将，挥师南下，刘琮束手，荆襄归顺。如此形势下主和派占上风是必然的。其次，鲁肃势单力薄，是少数派，大堂上议事的文武官员共20人，主战的才鲁肃一人；然而鲁肃居然说服孙权，除了真切中肯，处处为孙权着想之外，还在于鲁肃选择了说话的最佳时机。鲁肃一席话，是孙权起身更衣时在屋檐下说的，有利于孙权冷静思考，避免盲目决策。另外在屋檐下说话，撇开了20多个投降派，以一当十。鲁肃机会选择之妙，在于找到了一个不利于投降派而有利于主战派的时地空隙。

相机而行，还必须选择最佳的时间。战国时期有个名叫坛的人，他是楚宣王的宠臣，无功而禄，无才而做官，因此他很担心好景不长。有个叫江乙的朋友对他说："你要巩固在楚国的地位，就必须加强同君王的关系，你只有表示君王去世时，愿意一起殉死。"

为了说这句话，坛一直寻找机会，三年了，一直没有好机会。终于有一天，时机来了。一天楚宣王到云梦泽去狩猎。云梦泽地处长江中游，风景优美，大小湖泊星罗棋布。楚宣王狩猎，驷车千乘旌旗蔽日。楚宣王兴致大起，亲自射杀了野牛，又仰天大笑，说："今天的猎游，真是让我高兴啊！我死去之后，还能享受这样的快乐吗？"这真是千载难逢的机会。坛在一旁侍奉，泪流满面，上前进言:"臣今天能在大王旁边侍奉,大王万岁之后,我愿赴黄泉荐蝼蚁,尽职尽忠。"楚王听罢大喜,赐予坛领地,封为安陵君。如论动机,安陵君可谓不择手段,但从策略角度而论,安陵君可谓把握住了说话的最佳时机。

之所以是最佳时机,是因为进言之时是楚宣王最高兴的时候。从王而殉,在楚宣王看来,真是尽职尽忠。安陵君的确找到了打动楚宣王的最佳时机。

战机的时效性强,《兵经百言》说:有时眼前是战机,转眼之间就不是战机;有时被抓住利用的是战机,稍一放松就不是战机。辨别战机在于卓识,利用战机在于决断。鲁肃向孙权进言,"追"孙权到屋檐下,表现了他择机的决断和辨机的卓识;安陵君等了三年,择机进言不失时机。

寻找战机,必须是"时之凑合处""事之转变处"。火候不到,时机不成熟,就要等待,拖延时间,后发制人。《兵经百言·延》专门讲了这个问题。操之过急,必然失败。

汉惠帝死了,发丧时,吕太后干哭不流泪,丞相问其中缘故,张良的儿子张辟疆解释说:"皇上没有年纪大的儿子,太后担心你们这些大臣,如果丞相请太后拜吕台、吕产、吕禄为将军,统帅卫戍长安的南北军,掌握重权,这样,太后就会心安,大臣们才能免祸。"丞相照张辟疆的计策办,太后才痛哭起来。吕后宗族掌握重权后,又立诸吕为王。这些举动,违背了高祖刘邦"非刘氏而王,天下共击之"的遗言。

右丞相王陵为人正直,他是刘邦的同乡,忠心耿耿。当吕后征求他的意见时,他坚决反对:"高帝宰杀白马,和大臣们订立盟约

'非刘氏而王，天下共击之'。如今封吕氏为王，是违背条约的。"太后听了很不高兴，又问左丞相陈平、太尉周勃。周勃答道："高帝平定天下，封自己的子弟为王，如今太后行使皇帝职权，封自己的弟兄和诸吕为王，没有什么不可以的。"太后大喜，退朝回宫。

王陵责备陈平、周勃："当初与高帝歃血结盟，你们难道不在吗？现在高帝去世，太后要封吕氏子弟为王，你们一味阿谀逢迎，纵太后的欲望，违背当初的盟约，还有什么面目在地下见高帝？"

然而陈平、周勃却说："眼下你在朝堂上当面反对，据理力争，我们不如你，至于保住刘氏宗庙，安定刘氏天下，你将不如我们。"

史实证明，后来铲除诸吕、保护刘氏天下的正是陈平与周勃。

这个史实说明，要达到舌战的目的，必须相机行事，时机不成熟，盲目硬干，是要失败的。王陵在条件没有成熟的情况下反对吕太后，不但没有达到目的，反而被罢了右丞相的官，后来王陵索性因病免职回家。

相机而行，不是消极地等待机会的到来，而是要积极主动地创造时机。郑穆公元年，秦穆公派兵侵袭郑国。贩牛商人弦高一边虚与周旋，一边派人暗中向郑国报告消息，终于使郑国赢得备战时间，使秦国大将放弃了进攻郑国的打算。所以相机而行，不但要善于把握机遇，善于决策，更重要的是要善于创造战机，摆脱被动，争取主动。

## 13 圈套

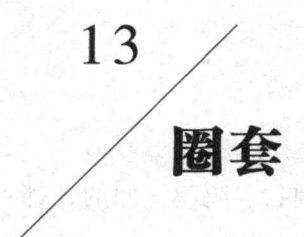

隋朝学者侯白的《启颜录》里有这样一个故事。

侯白在没有做官前,住在家乡,无甚名声,但锋芒已初露。当地的地方官刚到任时,侯白便去拜见。回来后他对几个朋友说:"我能让新来的官学狗叫。"朋友说:"哪有官老爷听别人的摆布学狗叫的?你若真能做到,我们请你喝酒;若不能,你就请客。"侯白答应了。

于是,他们一起到衙门去,侯白进去见官,朋友们在门外等着。官说:"你又来见我,有什么事吗?"

侯白答道:"您刚到此地,民间有些事情要向您请示。您到任之前,此地盗贼甚多,我建议您下令让百姓各家养狗,让它们见了生人就惊叫,这样盗贼自然便会平息。"

官问道:"如果这样的话,我家也需养条能叫的狗,但到哪里去弄狗呢?"

侯白回答说:"我家倒有一群新养的狗,不过它们叫的声音与别的狗不同。"

官问道:"它们叫出来的声音什么样?"

侯白答道:"它们'呜呜'地叫。"

官说:"你不懂狗,好狗应当'汪汪'地叫,'呜呜'叫的,都不是善叫之狗。"

侯白的朋友们在门外听了,皆掩口而笑。侯白看到自己已经赢得了一桌酒席,便对官说:"我知道了。以后我一定要出去寻访善叫的狗。"说完便向官告辞。

在生活中,"圈套"其实是我们经常听到甚至是遇到的词。圈套,在一般人心目中是一个贬义词,事实上,它本身并没有好与坏,而要看使用它时的目的是什么。设置圈套,简单了不容易让"受害者"上当,因此,必须要复杂一点。这里重点介绍复式圈套。

以圈套误敌的方法很多,复式法便是其中一种,这种策略的问话中隐含对方并未接受的假设,要求对方回答问题,从而达到制服对方的目的。复式圈套又通称复杂问语。例如:

甲:你把赃物藏在何处?

乙:贵国帮助 A 国制造核武器有没有远大的和平计划?

甲和乙都是"复杂问题",其间隐藏着对方并未接受的假设,假如对此问题失去警惕,你往往会钻进对方所设的圈套之中。问题甲隐含着一个假设——你已经偷东西了,因此你无论回答是还是否,都会在无形之中承认自己已经偷了东西。

问题乙也隐含着一个对方未接受的假设,即贵国已经帮助 A 国制造核武器。输出核武器技术是个重大的原则问题,显然这个问题心怀叵测，无论回答是还是否，都承认了已经将核武器输出给A国。

复式圈套在逻辑上又称为复式诡辩，它把对方并未接受的假设隐含在问题之中，诱人上当，以此达到某种目的。复式法在逻辑上是荒谬的，但移植到策略中，在一定条件下却有着一定的积极意义，因而在政治、外交、经济生活领域中被广泛应用。我们来看看下面这两个例子。

以前有个财主，想抵赖长工一年的工钱，伙同账房先生设计了一个阴谋。他们邀请长工喝酒吟诗，并说明，如果有谁作不出诗来，就别拿一年的工钱。

长工一眼看穿了他们的鬼把戏，于是将计就计，佯装不知。长工一边喝酒，一边笑道："昨天夜里你们一直商量到天亮吧？"地主连忙摇头："不，不，我们只商量到半夜。"

长工这一问，使对方的阴谋一下子露了马脚。长工的复式圈套隐含"昨天夜里你们商量过"的潜台词，财主不知是计，中了长工的招数，因而骗局被轻易地揭穿了。

再来看看这个故事。在火车站里，一位清洁工人正在打扫，突然发现前面有个旅行包。他正想拿去交公，有一个自称到南宁去的旅客走出来说，包是他的。

清洁工人看他那种慌张的样子，疑窦顿起，机警地问："里面有几件西装，什么颜色？"

南宁旅客佯装回忆的样子，说："对不起，西装是我妻子放进去的，大概两件，一件做客穿，一件平时穿，颜色嘛，都是深颜色的。"

清洁工诙谐一笑："对不起，里面没有西装，只有一件毛衣和食品。"

南宁旅客连忙解释："衣服是我妻子放进去的，我没有仔细看，不过这皮夹是我的，里面有粮票和钱。"

清洁工人说："好吧，有多少钱，几张10元的，粮票多少斤？是全国的还是南宁的？"

南宁旅客说："具体的记不清了，大概有10张10元的，粮票是全国的，不是南宁的。"

清洁工人放下手中的工具，当众打开钱包，对着周围的旅客们说："钱包里的钱不是10元，而是一张100元，7张5元的，粮票不是全国的，也不是南宁的，而是济南的。你想冒领，跟我到警察那里去一趟吧。"

在这段对话里，这位清洁工人采用的，便是复式圈套。他把假设隐含在问句中，诱使对方去钻。先问对方有几件西装，是什么颜色的，其实里面并没有西装，南宁旅客贪利心切，不知是计，显出了原形，接下来如法炮制，问他有几张10元的，是什么粮票，南宁旅客虽然上过当，但毕竟是做贼心虚，又一次露了马脚，这也充分显示了复式圈套的价值。

看来复式圈套有其特定价值，它一方面将某种企图隐含在发问之中，另一方面又以另一个问题引开对方的注意力，因而这个对方不能接受的假设更具有迷惑性和隐蔽性。这种策略名为A，实为B，声东而击西，虚虚实实，真真假假，故而使财主与南宁旅客步入迷途，莫衷一是，一筹莫展，只能束手就擒。兵者，诡道也，取胜往往以误敌为前提，使用各种手段迷惑对方，而复式圈套则是十分有效的一种。

最后，我们一起来看一下东汉末年的王允是如何通过设计圈套，为老百姓除掉了大奸臣董卓的。

东汉末年，宦官弄权，奸臣当道。

王允一直都想找机会除掉专权的奸臣董卓，为国家除害。有一天晚上，他执杖信步来到自家的后花园，正在为无计可除董卓而仰天垂泪，忽然听到有人在牡丹亭旁长吁短叹。王允走过去一看，原来是自己府中的歌伎貂蝉。貂蝉自幼被王允收养于府中，学习歌舞，出落得美丽而聪慧，王允视若己出。

起初，王允以为她是为儿女私情而深夜在此长叹。后经询问，方知她是蒙王允的养育之恩，常思报效。王允见状，忽然计上心来。于是，他把貂蝉请到了画阁之中，流着泪向她跪拜道："汉家天下全寄托在你的身上了！奸臣董卓，阴谋篡位；朝中文武，束手无策。董卓有一义子，姓吕，名布，骁勇无比。董、吕二人皆是好色之徒。我打算用连环之计来达到除掉董卓的目的：先将你许嫁吕布，然后献给董卓。你便从中找机会离间二人，令他们反目成仇，让吕布杀掉董卓，如此即可为国家除掉大患。不知你同意否？"

貂蝉当即表示甘愿献身实施此"连环计"。

次日，王允便请良匠以家藏宝珠数颗嵌饰金冠一顶，使人密送吕布。吕布受冠大喜，即亲到王允宅致谢。酒至半酣，王允叫貂蝉盛妆而出，与吕布相见。吕布仗着几分酒意，与貂蝉眉来眼去。王允趁机指着貂蝉对吕布说："我想将小女送给将军为妻，不知将军同意否？"吕布大喜过望，拜谢而回，只盼王允早送貂蝉来。

几天后，王允趁吕布不在，便请董卓来家中赴宴。王允又唤貂蝉出来以歌舞助兴。董卓为貂蝉绝妙的舞姿和娇美的容颜所倾倒，称赏不已。王允便说："这是我家歌伎貂蝉。我想将她献给太师，不知太师肯收留否？"董卓闻言大喜，再三称谢。席散后，王允即命人先将貂蝉送到相府，然后亲送董卓回府。

等到吕布前来拜访，王允又骗吕布说："太师已经带貂蝉回去与你完婚。"

次日晨，吕布到相府打探消息。董卓侍妾告诉吕布："昨夜太师与新人共眠，至今未起。"吕布闻言大怒。一日董卓入朝议事，吕布执戟相随。吕布趁董卓与汉献帝交谈的机会，策马径到相府来见貂蝉。貂蝉请吕布至后园凤仪亭互诉衷肠。貂蝉泪汪汪地对吕布说："自初见将军，我即暗暗以身相许。谁想太师起不良之心，将我占有。自入相府，我即痛不欲生，只因未与将军一诀，故忍辱偷生至今日。今日既已与您相见，我当死于君前，以明我志！"说罢，即手攀曲栏，往荷花池便跳。吕布慌忙抱住貂蝉。

董卓在殿上，回头不见吕布，心中怀疑，忙辞了汉献帝，登车回府。寻入后园，见吕布正与貂蝉在凤仪亭下共话，画戟倚在一边。董卓勃然大怒，大喝一声。吕布忽见董卓来到，慌忙便跑，董卓抢过画戟，挺着赶来。董卓体胖赶不上，便掷戟刺吕布，吕布打戟落地，夺门而逃。

董卓回后堂问貂蝉："你为何与吕布私通？"貂蝉流泪说："我在后园看花，吕布突然而至，我见其居心不良、动手动脚，便欲投荷池自尽,却被这厮抱住。正在生死之间,幸亏太师赶到救了我性命。"董卓说:"我想将你赐给吕布,何如?"貂蝉闻言大惊,哭道:"妾宁死不辱!"边说边抽下壁上的宝剑就要自杀,董卓连忙劝住。

董卓即日带貂蝉还坞,百官俱拜送。车已去远,吕布凝望车尘,叹息痛恨。王允装作惊讶地问道:"这么长时间,太师还未将貂蝉送给您?"吕布恨恨地说:"已被老贼占为己有了!"王允佯装不信,吕布便将前事一一说给王允听。王允听罢,半晌不语,良久才说:"想不到太师做出此等禽兽之行!"因请吕布到家中商议。商议间,王允又激吕布说:"太师淫我之女,夺将军之妻,诚为天下耻笑。然而老朽我是无能之辈,无所谓;可惜将军盖世英雄,亦受此污辱!"吕布怒气冲天,拍案大叫:"誓杀董贼,以雪我耻!"王允见时机成熟,便说:"将军若扶持汉室,便是忠臣,当流芳百世;若助董卓,便是反臣,当遗臭万年。"吕布闻言即拔刀刺臂出血,誓杀董卓。王允跪谢说:"大汉天下,全仰仗将军了!"

随即,二人又请仆射士孙瑞、司隶校尉黄琬共商诛董卓之策。最后决定请当初为董卓劝降吕布的李肃,奉汉献帝诏书前往坞请董卓入朝议事。同时让吕布奉汉献帝密诏,带领甲兵伏于朝门之内,待董卓入朝时诛杀之。

李肃因怨董卓不迁其官,因而慨然依计至坞,奉诏宣董卓入朝。董卓即排驾回朝,群臣迎谒于道。到北掖门,董卓所带军兵尽被挡在门外,只让董卓及其车夫进入宫内。吕布率伏兵一拥而上,将董卓刺死于殿门之前。

随后,王允、吕布等又派人擒杀董卓的谋士李儒等人,并派军前去查抄董卓的家产、人口。

至此，由王允亲自设计的圈套，在他亲自导演和参与之下，使董卓和吕布都深陷其中，最终达到了他预设的目的。

# 14 热处理·冷处理·不处理

面对出现的矛盾和危机，处理的方式有很多种。面对不同的问题，我们可以采取不同的措施。比如，可以采取热处理、冷处理或者不处理。这三个词有点像工业名词，事实上，作为概括智谋的用词，把它们应用到生活中，亦能取得不错的效果。

**热处理**

热处理是借用对方激情冲动的策略，是激发对方感情，从而达到自己预期目的的一种策略。

使感情热化，使之产生激情和冲动，有其特殊的价值。这种情感冲动，又产生了强有力的情感反应，强化人的心理压力，从而最大限度地调动对方的主观能动性，成为推动和鼓舞对方行动的巨大力量。

小慧学习钢琴的自觉性不高，态度冷淡，她的父母常为此伤神，于是就向心理学家请教。

回来之后，他们带女儿到少年宫听钢琴演奏会，并且不时称赞这些小演员聪明，多才多艺，他们在演奏会上故意欣赏得出神。

听完音乐会后，父母故意对小慧说："我觉得你比别人差些，所以你不愿意弹钢琴。如果不是我们看错了的话，你怎么会不想练琴呢？"小慧听了这些话后，勃然大怒，生起气来，好几天都不肯理睬父母，但从此却拼命弹钢琴，为了给自己争气，她总是抓紧时间拼命练琴，很快她的钢琴就弹得非常出色了。

激情和冲动有时也会削弱理智，军事上常用热处理的方法使对方感情用事，而借用之。孙子云："怒而挠之，卑而骄之。"热处理这种策略，其意在于令对方感情用事，使之失去理智，出现错误。

诸葛亮攻魏，进军到五丈原。魏将司马懿率军渡渭水，筑城抵御。诸葛亮几次挑战，司马懿都坚守不出，于是诸葛亮就把妇女的衣服装在大盒里，并修书一封，派人送给司马懿。信中写道：

"仲达既为大将，统领中原之众，不思披坚执锐，以决雌雄，乃甘窜守土巢，谨避刀箭，与妇人又何异哉！今遣人送巾帼素衣至，如不出战，可再拜而受之。倘耻心未泯，犹有男子胸襟，早与批回，依期赴敌。"

然而司马懿却不上当，他看完信，心中大怒，转而佯笑："诸葛亮把我看作妇人！"于是接受了诸葛亮的礼物，还款待了来使。

诸葛亮送衣的目的，意在激怒司马懿，借以将他的情感热化，使其感情用事，诸葛亮企图以怒制敌，从而达到他出战的目的。

对付热处理策略最好的办法，就是沉着应战，不为所动。司马懿收到了诸葛亮送的女人衣物，愤怒起来，但又马上冷静下来，不仅接受了礼物，还款待了使者，这就体现了司马懿高超的情感控制力。古人云："君子忍人所不能忍，容人所不能容，处人所不能处。"

要使自己处于主动的地位，就要不为感情所左右，就必须有高度的自制力。

## 冷处理

冷处理是与热处理相反的方法。冷处理是一种以冷静的态度平息事态、缓解激情，从而达到自己预期的目的的策略。

用兵贵在攻心，如果对方情绪激动，理智常常为感情所左右，此时最佳的征服对方的方法就是采取冷处理，用各种方法使他冷静下来。此时，最糟糕的处理方法是以热对热，自己也感情用事，结果扩大事态，激化矛盾，最终走向说服目的的反面。

冷处理说来容易，但真要做起来却并不那么容易。战国时期，蔺相如面对廉颇的嫉妒，采用冷处理的策略对待，其结果是将相和好，共同辅佐朝廷，这便是广为流传的"将相和"的故事。

渑池会后，赵王还朝。蔺相如因立下大功被封为上卿，地位在廉颇之上，廉颇对此很不高兴。廉颇不服气地说："我身为赵国大将，曾经多次攻城野战，出生入死，立下了汗马功劳。可是蔺相如原本是个职低身卑的人，只因在渑池会上动动嘴皮子，就被封为上卿，地位居然在我之上，这太不公平了。为此，我觉得很是羞耻，也实在受不了了。"他公然宣称："如果我碰到蔺相如，一定要羞辱他。"

蔺相如听到廉颇的话后也不理睬，且以后出门，如果远远地望见廉颇的车子，就赶忙吩咐车夫调头回避。蔺相如的这种做法使其门客不理解也觉得受不了。门客们对蔺相如说："我们离开从前的主人来投靠您，就是因为仰慕您为人仗义。可是现在廉颇当众说了那么多令人难堪的话，您不但不同他理论，反而每次碰见就躲得远远的。您实在是太胆怯了。这样的做法，就是一个平常人都会感到羞愧，更何况是与廉颇地位相等、身为上卿的您呢？我们没有什么才能，对您帮助不大，请让我们回家吧！"

蔺相如见门客们对自己不理解，就解释道："依各位所见，廉将军与秦王哪个厉害？"大家都说："廉颇将军比不上秦王。"蔺相如说："请各位想一想，秦王威名远扬，我却在渑池会上当面呵斥他，使秦国的满朝文武都蒙受了耻辱。我蔺相如虽然不才，我会不怕秦王而怕廉将军吗？我之所以如此，就因为我和廉将军在的缘故，强大的秦国才不敢出兵侵略我们赵国。如果现在我和廉将军两虎相斗，一定要拼个你死我活，不能共存，那时秦国必定再来侵犯，国家大事就不堪设想了。我对廉将军忍辱退让，就因为要先考虑国家的事情，然后才能顾及个人的恩怨啊！"

廉颇听到这些话后，万分感动，立即解衣露膊，背着荆杖，请门客做引导，到蔺相如府上谢罪，他说："我是个没有文化的糊涂人，不知道您能如此宽恕我！"

从此蔺相如与廉颇相处得非常好，成为誓同生死的朋友。

蔺相如和廉颇之间从未有过正面交锋，蔺相如的一席话是间接传过去的，但效果却非常好。廉颇是赵国的一员大将，有攻城野战之功，看到蔺相如地位在他之上，一时受不了，扬言要羞辱蔺相如，也是情有可原的。蔺相如不战而屈人之兵，折服秦王于樽俎之间，他的功劳大得多。蔺相如用冷处理的办法来对待廉颇，首先是避免了与其正面交锋，其次是以间接的办法说明这样做的道理。蔺相如的一席话字字珠玑，感人肺腑，使得廉颇负荆请罪。倘若蔺相如不采用冷处理的策略，在廉颇头脑发热的时候讲同样的一番话，显然不可能得到"将相和"的效果。

自己要冷静。采用冷处理策略，首先自己要冷静地分析现状，冷静地处理矛盾，冷静地采取对策。面对情绪化的对方，面对侮辱性的话，自己也就容易冲动而不能自已。因此，高明的上智者一定是一个强者，忍人所不能忍，这个时候只有先战胜自己，才能再战胜别人。蔺相如之所以"怕"廉颇，是因为他有先国家后个人的胸怀，也正是因为他有这种精神，所以他才能忍辱负重，才有采取冷处理策略的心理基础。

巧避锋芒，使对方冷静。如果对方气势汹汹地找上门来，又不可能回避时，智谋高手也有应对的妙着。方法很简单，避免公开交锋，想办法使对方冷静下来，再解决问题就会易如反掌。

"您的心情我理解，有话好说，来，先喝杯茶消消气。""您的意思我明白，详细情况慢慢再谈，等我了解一下情况，一定立即给您满意的答复。"类似这样的话都可以先缓解对方的怒气。

这种冷处理的方法，一方面可以等待对方心平气和，恢复理智；另一方面也可以了解真实情况，寻找对策。

让感情宣泄。让对方的怒气宣泄出来，从而达到心理平衡，然后再进行说服工作。

有一次，在某商店里，一位顾客气势汹汹地找上门来，喋喋不休地说："这双鞋鞋跟太高了，样式也不好。"

## 上智

商店营业员一声不吭,耐心地听他把话说完,一直没有打断他,也没有和他争论。等这位顾客把话说完后,营业员才说:"您很直爽,我很欣赏您的个性。这样吧,我再另行挑选一双,好让您称心。""如果您不满意的话,我愿再为您服务。"于是营业员又拿出一双鞋摆在了顾客的面前。

这位顾客的不满情绪发泄完了,也觉得自己有些太过分,又看到营业员总是不动声色地回答自己的问题,很不好意思。结果他气也消了,心悦诚服地说:"这双鞋好,就像是为我定制的一样。"

### 不处理

对一些矛盾和冲突,采取不处理或者不急于处理,等待以后再处理的策略,从而达到自己预期的目标。

有些事不处理比处理好。有些事情十分复杂,你越是斤斤计较地处理,越是较真、认真,追求"透明度",效果越是不好;有些小事,如果你小题大做,上纲上线,就会把事情搞砸了。相反,你睁一只眼闭一只眼,难得糊涂,有时效果反而要好。

有一天,郭子仪的儿子郭暧与妻子升平公主发生了争吵。郭暧说:"你不就仗着你父亲是天子吗?我的父亲还不想做天子呢!"郭暧盛怒之下讲出了会招惹杀身之祸的狂话。升平公主本来就不是一般的金枝玉叶,丈夫不仅不把自己放在眼里,而且还不把自己的父亲——当朝天子放在眼里,这还了得。升平公主十分恼怒,于是上金銮殿面奏皇上。唐代宗听了升平公主的哭诉后说:"他说的话不是你能懂得的。他父亲确实是不想做天子。假如他想做天子,天下哪里归到你家所有呢？"说完就叫公主回家去了。

郭子仪听到这件事后，就把郭暧关了起来，然后入朝等待皇上治罪。唐代宗却宽慰郭子仪说："有句谚语叫'不痴不聋，不做家翁'。小两口闺房中吵架时的气话，怎么能当真呢！"

小两口吵架，把话说过了头，倘若上纲上线，郭暧就必有杀头之罪。而唐代宗却认为郭暧说的是闺房中的气话，不肯上纲上线，对吵架之事睁一只眼，闭一只眼，郭家父子必然会感恩戴德，忠心报效。唐代宗对吵架之事处理得十分得体和明智，显示了其一定的心胸和御下方针。

有些事采用不处理策略实质上是不急于处理。

使智用谋，当根据当时的条件而定。如果条件不成熟，却硬要干下去，这无疑是拔苗助长，不如缓动待机。同样一席话，在不同的时间讲，会有不同的效果。这里的道理很简单，在条件不成熟时，不如暂时搁下，等条件成熟了再处理。

# 15 巧应变

宋代罗大经《鹤林玉露·临事之智》中有云:"大凡临事无大小,皆贵乎智。智者何?随机应变,足以得患济事者是也。"从一定意义上说,智者便是能随机应变、见机行事之人。

应变的最终目的是使自己处于主动地位,掌控事态发展,以实现既定目标。具体一点说:应变从功用上讲,不外乎保持主动和变被动为主动两种。

人们生活中所要应变的境遇,大致可分为四种情境。

第一,**远虑**。人无远虑,必有近忧,对远虑的应变是最具战略意义的应变。一个人只有高瞻远瞩,拿得起放得下,能屈会伸,才能争取到主动地位。

第二,**近忧**。远虑不及,必生近忧,并且,即使深谋远虑,但由于外部形势变化莫测,也难免不生近忧,比如工作变迁带来的陌生交际环境等。

第三,**处危**。进化不解,酿成急祸,于是处危又是应变的一种境遇。处危应变，或虚张声势，或以攻为守，或将计就计，不一而足。通常而言，处危应变最能反映一个人的应变智谋和胆略。

　　第四，临机。这是一种随意、温和的情境，在这种情境下，善于见机行事，处世变通，是一个人在日常交际中人情操纵水平的重要表现。

　　在运用应变策略时，常用的手法有：借题发挥、随机应变、虚而显实、处事从权、临机妙语、见机行事、沉着应变。

## 应变策略之一：借题发挥，将错就错

　　当代作家冯骥才先生的小说《俗世奇人》中，记载了一篇《好嘴杨巴》的故事。

　　天津有一家卖茶汤的铺子，由杨七、杨巴两人经营。杨七手艺好，但是不善言辞，只会闷头制作；杨巴口才好，就负责在外照应生意。两人虽然非亲非故，关系却好得像亲兄弟，在亲密无间的配合下，铺子的生意也一天比一天红火。

　　有一次，李鸿章路过天津。地方上的府台道台挖空心思想讨好"中堂大人"，却又担心天津的小吃太过粗陋，上不得台面。最后，还是知府想出了个注意：杨家茶汤香甜黏软，定能让中堂大人高兴。

　　这天，李鸿章听完天津本地的小曲，腹中饥饿，想要吃点心，知府连忙让杨七、杨巴将备好的茶汤献上。早已做好准备，甚至还特地置办了干净的新衣服的两人立刻上前，奉上茶汤后便一起退后五步，垂手立在后面，等着向李鸿章请赏。

　　可是，当李鸿章端起茶碗后，眉头却忽然一皱，随后便猛地将茶碗摔在地上。一时间，在场所有人都吓傻了，纷纷跪倒在地，不知道李鸿章为何会发这么大的火。

府台、道台们一时间呆若木鸡，而机灵的杨巴马上就猜到：李鸿章可能没喝过茶汤，错把上面洒的碎芝麻当成浮土了。可是，如果直言那是芝麻，就是骂李鸿章没见识，只会引来更大的灾祸；如果不说，那就是把脏东西献上，不光要挨板子，让知府大人丢了面子，将来怕是连饭碗都保不住。眼下最要紧的，是赶紧想出个办法，不让李鸿章说出"脏东西"三个字来，一旦他开口，就再也没杨巴说话的余地了。

杨巴灵机一动，马上上前一边叩头一边叫道："中堂大人（李鸿章的官职）息怒！小人不知道您不爱吃碎芝麻。求大人饶了小人，小人今后一定痛改前非！"

李鸿章此时才明白，自己确实搞错了，这杨巴确实机敏过人，不仅解释了问题所在，还护住了自己的面子。于是，他开口说道："不知者无罪。你的茶汤名满津门，也该嘉奖。来呀，赏银百两！"

此后，杨巴就在天津城名声大噪，"杨家茶汤"也被人们改成为"杨巴茶汤"了。

杨巴的应变巧在借题发挥，将错就错。对于错误生硬地扳正或否认，都是不圆熟的做法，借力使力把错误说"圆"，方见应变的机智。

**应变策略之二：见机行事，随机应变**

某学者应邀出席演讲，过程中，安排在学者之前的几位颇有身份的演讲者，发表了冗长乏味的演讲，令台下听众昏昏欲睡。轮到这位学者时，他抬腕看了看表，已是11点半了，于是就改弦换调。他快步走上讲台，仅说了一句话："绅士的演讲应该像女人穿的'迷你裙'，越短越好。"然后就结束了演讲。他的话一出口，大家先是一愣，几秒钟后，会场上"哗"地响起一片笑声，接着与会者用最热烈的掌声表达他们对这位学者的拥戴。第二天，各大媒体均出现了"幽默大师名不虚传"的消息。看来，即兴演讲者只有口才还不行，还要有见机行事的机智。

在人际交往中，面对嫉妒、攻击、诬陷、尴尬等负面言行，要做到随机应变，第一要处事不惊，保持冷静的头脑，方能急中生智，化险为夷；第二要宽宏大量，乱中不忘大局，让人下台阶。

**应变策略之三：虚而显实，弱而示强**

虚张声势是指故意假装出强大的声势来吓唬人的一种策略。《百战奇法·虚战》云："凡与敌战，若我势虚，当伪示以实形，使敌莫能测其虚实所在，必不敢轻与我战，则我可以全师保军。"所以，虚张声势也是在面临危机时的一种应变术。

秦末时期，刘邦为夺关中，领兵抵达峣关（陕西西安市蓝田县东南）。峣关为蓝田与关中的交通要隘，易守难攻，为抢夺咸阳的东南大门，是兵家必争之地。因此，秦军派有十分精锐的兵力把守。而刘邦当时手下只有2万人马，如不顺利地拿下此关，项羽就有抢先夺去关中的可能。刘邦心急如焚，想强行攻取。张良经过调查，认为秦兵势强，如果妄动，不仅会消耗自己的实力，而且还会拖延入关时间。于是向刘邦提出智取之策：一方面虚张声势，在峣关四周山上设多张旗号，以迷惑守关秦军，扰乱敌心；另一方面针对守关秦将喜好小利的特点，派郦食其携重金贿赂守关将领。果然，峣关守将见刘邦军兵声势浩大，甚是惶惧；同时又贪恋钱财，终于倒戈。刘邦引兵过关，向西挺进，兵叩咸阳。

唐太宗李世民在少年时，也曾用虚张声势之计，吓退敌军。那是大业年间，隋炀帝率军与突厥作战失利，被困于雁门关外。隋炀帝命人将诏书系在木块上，投入汾水中，向下游郡县告急，命他们募兵援救他。当时年方16岁的李世民应募从军，在将军云定兴帐前供职。李世民了解到前方的敌情之后，对云定兴说："敌人胆敢围困天子，是因为他们料定我主力无法及时增援。因此，如今我们如果将军队分散，拉开数十里的行列，白天要让敌人看得见旗号，夜晚要让敌人听得见更鼓声，敌军不知虚实，一定会以为大批援兵迫近，这样，就可以不战自退。"云定兴听从了李世民的意见，依计而行。突厥的侦察哨远远地看见隋朝大军浩浩荡荡，连绵不绝，立刻飞报可汗。突厥可汗果然中计，连忙撤去了包围隋炀帝的军队。李世民初入军旅，便献此虚张声势之计，兵不血刃，吓退敌军，解除了隋炀帝的危机，由此，他也获得了极高的声誉。

虚张声势在于虚而显实，弱而示强。《百战奇法·弱战》云："凡战，若敌众我寡，敌强我弱，须多设旌旗，倍增火灶，示强于敌，使彼莫能测我众寡、强弱之势，则敌必不轻与我战，我可速去，则全军远害。"此计用于商场应变，也同样颇具功效。

**应变策略之四：说话做人，处事从权**

说话做人，别太较真，应当处事从权。昔年，孔丘受困于陈蔡，饿得奄奄一息，看到附近有一家小店，便教弟子仲由去讨碗饭吃。

掌柜说："我写一个字，你要是认识，我就免费招待。"仲由说："我是圣人门徒，不要说一个字，就是十个字，都包下来啦。"掌柜写下了一个"真"字，仲由说："这个字连三岁娃儿都知道，一个'真'字而已。"掌柜说："明明是个傻子，还说大话，小子们，给我乱棒打出。"仲由狼狈而逃，回去时向师父禀告了一切。

孔丘对他说："难怪你会挨揍，还是我去吧。"掌柜仍然是写出了"真"字，孔丘说："这是'直八'呀。"掌柜的惊异道："果然名不虚传，你的学问果然大。"

酒足饭饱之后，仲由便悄悄问："老师，您可把我搞糊涂啦，明明是'真'字，怎么会变成'直八'了呢？"孔丘叹道："如今是认不得'真'的时代，你一定要认'真'，只能没饭吃。"

做人应当学会灵活处事，很多事情都不能太较真，社会十分复杂，过分较真就办不成事，过分较真会被人认为太过固执，一个人若想要在社会上受欢迎，没点变通精神是不行的。当然，虽然做人不能太过较真，但是，当今社会的竞争如此激烈，我们没有一点"真功夫"，又怎么能在社会上立足呢？

**应变策略之五：临机急智，妙语连珠**

有一天，纪晓岚在翰林院与同事校理图书，因时值盛暑，天气炎热，屋内又书籍杂错，密不透风，纪晓岚素来怕热，只觉汗流浃背，遂脱下衣服，甩开膀子大干起来。不料乾隆皇帝忽然大驾光临，纪晓岚来不及穿衣，又不能光膀迎见，匆忙之中，只得躲藏在书橱后面。其实乾隆皇帝早已看见，因有心要开纪晓岚的玩笑，故佯作不知，示意群臣坐下，自己随意翻书。纪晓岚在书橱后面热得难耐，好不容易听得已无人声，便探出头来问道："老头子走了吗？"一时众人大惊失色，噤不敢言。纪晓岚发现气氛不对，这才看到乾隆皇帝仍端坐一旁，不觉也吃了一惊。乾隆皇帝总算抓住纪晓岚的把柄，一定要让他把"老头子"的称呼说清楚，否则，就要治以大不敬之罪。但见纪晓岚早已镇定下来，从容答道："万寿无疆之谓'老'，万民之首之谓'头'，昊天之子之谓'子'。'老头子'之称，实为尊敬之意也。"乾隆皇帝一听，立即转怒为喜，连连称赞，众人也无不折服。自此而后，"老头子"之称便不胫而走，逐渐传开，而纪晓岚幽默诙谐的品性，也为人们所津津乐道。

有一次，乾隆皇帝翻阅《论语》，见"色难"一词，不觉叹道："此二字颇不易属对。"不料纪晓岚在一旁头也不抬，应声答道："容易。"乾隆皇帝见纪晓岚不当回事，略有不快，当即要他对出下句。纪晓岚坦言："臣已然对出。"乾隆皇帝仔细回味，这才悟出，原来"容易"正是"色难"的绝对。

还有一次，君臣宫中宴饮，赏月赋诗。正当酒酣耳热，兴致勃发之际，忽然狂风大作，电闪雷鸣，暴雨倾盆。乾隆皇帝目睹天工造化的万钧雷霆之势，不觉激发出人间帝王的豪气满怀，脱口吟出一联："玉帝行兵，风刀雨箭，云旗雷鼓天作阵。"众大臣听罢，齐声叫好，此联气势磅礴，字句铿锵，颇具帝王之相，真是难得的佳句。然而，要对上适宜的下联，谈何容易。就在众大臣冥思苦想之际，纪晓岚早已成竹在胸，只见他朗声应道："龙王夜宴，星灯月烛，山肴海酒地为盘。"此联一出，众大臣在由衷叹服之余，却又不免私下替纪晓岚捏一把汗。他们深知乾隆帝自视颇高，好居人上，而纪晓岚的下联气魄宏大，意境高远，无论其气势，抑或用句，都丝毫不在上联之下。若龙颜不悦，治其冒犯之罪，将如何是好。但见乾隆皇帝脸色凝重，默然无语，片刻之后，才逐渐由阴转晴。乾隆皇帝毕竟有很高的汉文化修养，十分明白要对此上联，非此下联莫属，不仅对仗严谨工整，而且气势相互呼应，实在是天衣无缝，绝妙好词。若因此而怪罪大臣，岂非有失君子风度！故而乾隆皇帝思之再三，终于释然，点头赞道："卿才可嘉！"众大臣这才松了一口气，纷纷举杯，称颂皇帝英明天纵，功高盖世，祝愿君臣和衷共济，同享太平。诸如此类，纪晓岚所表现出来的才思敏捷，往往无人可与之比肩，不仅赢得广泛的赞誉，而且也颇得乾隆皇帝嘉奖，成为皇帝身边备极荣宠的文臣。

**应变策略之六：相机而动，掌控危局**

董卓收服猛将吕布后，威势更盛。并于189年废汉少帝刘辩为弘农王，而改立陈留王刘协为帝，是为汉献帝。然后，董卓自任相国，赞拜不名，入朝不趋，剑履上殿，飞扬跋扈，不可一世。第二年，董卓又派部下鸩杀刘辩，绞死唐妃，甚至夜宿御床，篡位之心毕露无遗，他的行为激起了朝臣的普遍愤恨。

渤海太守袁绍与司徒王允秘密联络，要他设法除掉董卓。但文弱书生出身的王允面对骄横的董卓无计可施。思来想去，实在想不出什么办法，他便以庆祝生日为名，邀请群臣到自己家中赴宴，商讨计策。

席间，酒行数巡，王允突然掩面大哭。众官惊问："司徒贵诞，为何悲伤？"王允说："今日其实并非我的生日，因想与诸位一叙，恐怕董卓疑心，所以托言生日。董卓欺君专权，国将不国。想当初高帝刘邦诛秦灭楚，统一天下，谁想传至今日，大汉江山即将亡于董卓之手！"

王允边说边哭，众官也皆相对而泣。唯骁骑校尉曹操于座中一边抚掌大笑，一边高声说："满朝公卿，夜哭到明，明哭到夜，还能哭死董卓吗？"王允闻言大怒，对曹操说："你怎么不思报国，反而如此大笑呢？"曹操回答说："我不笑别的，只笑满朝公卿无一计杀董卓！我虽不才，愿即断董卓之头悬于国门，以谢天下。"王允肃然起敬说："愿闻孟德高见！"曹操说："我近来一直在奉承、交好董卓，就是为了找机会除掉他。听说司徒您有七宝刀一口，愿借给我前去相府刺杀董卓，虽死无憾！"王允闻言即亲自斟酒敬曹操，并将宝刀交付曹操。曹操洒酒宣誓，然后辞别众官而去。

次日，曹操佩着宝刀来到相府，见董卓在小阁坐于床上，吕布侍立于侧。董卓一见曹操，便问他为何来得晚。曹操回答说："乘马羸弱，行动迟缓。"于是，董卓即让吕布从新到的西凉好马中选一匹送给曹操。吕布领命而出。曹操觉得机会来了，即想动手，但又怕董卓力大，难以制服。正犹豫间，董卓因身材肥胖，不耐久坐而倒身卧于床上并转面向内。曹操见状急忙抽出宝刀，就要行刺。不料董卓从衣镜中看到曹操在背后拔刀，急回身问道："曹操干什么？"

此时吕布已牵马来到阁外。曹操心中不免暗暗发慌，他灵机一动，便表情镇静地双手举刀跪下说："今有宝刀一口，献给恩相。"董卓接过一看，果然是一把宝刀：七宝嵌饰，锋利无比。董卓便将宝刀递给吕布收起，曹操也将刀鞘解下交给吕布。然后，董卓带曹操出阁看马，曹操趁机要求试骑一下。董卓不假思索便命人备好鞍辔，把马交给曹操。曹操牵马出相府，加鞭往东南而去。

吕布见曹操乘马远去，便对董卓说："刚才曹操似乎有行刺的迹象，及被发现，便佯装献刀。"在吕布的提醒下，董卓也觉得曹操刚才的举动值得怀疑。正说间，董卓的谋士李儒来到。李儒是个很有心计的人。他一听董卓讲述曹操刚才的所作所为，便说："曹操妻小不在京城，只独居寓所。今差人请他来，他若无疑而来，便是献刀；若推托不来，必是行刺，便可逮捕审问。"董卓即依照李儒的主意，派遣四个狱卒前去传唤曹操。良久，狱卒回报说："曹操根本不曾回寓所。他对门吏声称丞相差他有紧急公事，已纵马飞奔出东门去了。"李儒说："曹操心虚逃窜，行刺无疑。"董卓大怒，便下令遍行文告，画影绘形，悬赏通缉曹操。

曹操是一个高明的刺客。在行动前，他不仅想到了成功，而且也想到失败后怎样保全自身。七宝刀既可以作为刺杀董卓的利器，亦可以作为进献的礼物。最关键的一点是曹操的随机应变，在紧急关头灵活机智，使自己得以保全性命。由此可见，曹操是一个全身成事的英雄，而不是一个舍生取义的莽汉。事情的成败，都有主客观许多因素，只有把握住最有利的条件和机会，选择最恰当的方式，才能成功。"相机而行""见机行事"这一策略的实质还在于事物在不断的变化之中，主客观条件也是不断变换着的，只有随着时间、地点和机会的变化而灵活做出不同选择的人,才能把握成功的主线。

**应变策略之七:临阵不乱,沉着应变**

应变往往是对一些突发之事、意外之事,做出快速反应,不失时机,采取制胜对策,依据"敌情"之虚实,随之变换应战方略的能力,孙武说:"兵无常势,水无常形。能因敌变化而取胜者,谓之神。"兵法又云:"凡兵家之法,要在应变。"应变能力之所以重要,就在于世上既没有一成不变的事物,也没有解决问题的固定模式。善应变者,克敌制胜,唯一的办法就是临阵不慌,沉着应对,依据客观情况,采取不同对策。

人类历史上光辉的一页,往往是善应变者谱写的。陈胜吴广起义则是适时应变的一例。

秦二世元年(公元前209年),陈胜和吴广等900名穷人被征到渔阳守边,驻在大泽乡时,逢大雨,路不通,估计不能按期到达渔阳,按秦朝的刑律:误期就得斩首。面临这一形势,陈胜与吴广商量:"如今逃跑是死,发动起义也是死,同样是死,为国而死不是很好吗?天下苦于秦的统治已经很久了,我听说二世是秦始皇的小儿子,不应当做皇帝;应当做皇帝的是公子扶苏,如果我们借用公子扶苏的名义号召天下,一定会有很多人响应。"

为了组织起义,他们及时采取了措施。

一是"威名"。他们把写着"陈胜王"字样的丝绸放在别人用网捕上来的鱼肚子里,士兵买鱼煮着吃的时候,发现了这块丝绸及上面的字,又让吴广在晚上到附近草丛中的祠庙里,点上篝火,学着狐狸的声音叫："大楚兴，陈胜王。"这些使士兵们感到惊恐。第二天，人们纷纷议论。

二是"杀尉起义"。为了激起公愤，吴广故意多次扬言要逃跑，激怒将尉。将尉鞭打吴广，吴广杀了将尉，把同行的人都召集起来，对大家说："我们遇上大雨，延误了行期，误期就要斩首。即使不被斩首，守边的也要死掉十分之六七。壮士不死则已，死就要留下大名声。王侯将相难道是命里决定的吗？"大家都愿意听从命令。这样，我国历史上第一次农民起义就拉开了序幕，最终推翻了秦王朝的残酷统治。

秦末酷政，农民举行起义是历史的必然，但是陈胜、吴广能适时应变，并且应变有方，借鬼神树威信，并以将尉的暴行来激起公愤，农民起义就组织起来了。历史上这样的事例不胜枚举。

楚汉两军相持，刘邦与项羽隔着广武涧对话。项羽要与刘邦单身挑战，刘邦不睬他，历数项羽十大罪状之后说："我统率正义的军队，带领各路诸侯，诛伐残暴的贼人。只要让那些受过刑罚的人杀你就可以了，我何苦与你挑战。"

项羽听了大怒，让埋伏在旁的弓弩手射刘邦，刘邦胸部受伤，但他却摸着脚说："这个贼，射中了我的脚趾。"刘邦身受重伤，病倒在床上，为了安定军心，不让楚军乘机取胜，张良请他强起慰劳士兵，刘邦到军营巡视以后则伤更重，就回成皋养病。

陈胜遇雨失期，不失时机地揭竿而起；刘邦胸部受伤，为稳住军心却说脚部受伤，瞒住了对手。可以说，凡事取胜，都离不开应变能力，要在竞争中争取主动，必须不断地应变，时变我变，敌变我变，事变人变；因时制变，因敌制变，因人制变，因情制变，方能化被动为主动，化险为夷，最终克敌制胜，制服对手。

从以上两个故事中，我们得到哪些启发呢？面对危机该如何应变呢？

**第一，要有敏捷的反应能力。**一般遇到突发性的事件，是事先毫无思想准备的，而且这些突发性的事情，有时还是容易导致功败垂成的大事，要求迅速决策，适时应对，刻不容缓。因此在重大的突发事件面前，敏捷的反应，变得十分重要。陈胜、吴广举行农民起义，事先并无思想准备、组织准备。在短期内要举行这样重大的农民起义，能迅速采取一系列策略，他们的应变能力可谓敏捷至极。刘邦的敏捷反应更是在瞬间完成。两军对垒，大敌当前，突然胸部中箭，这个消息如果传出，无疑会瓦解已方战斗力，给项羽可乘之机，刘邦迅速而正确的应变，表现了非凡的才能。

人的神经系统在传达信息时，有的人速度快，有的人速度慢；有的人能正确反应，有的人会做出错误的反应。究其原因，除了先天因素外，还有后天的知识、经验、能力等因素，因此培养和锻炼自己的应变敏捷性，不仅是应该的，而且是必需的。只要注意学习，积累经验，一定能提高这方面的能力。

**第二，要沉着镇定、不慌不忙、应变自如，不仅要求反应迅速，而且要求反应及时。**应变者常常处在反常的环境中，心理压力大，因此，能及时正确地做出对策，不仅是智力因素问题，还有非智力因素问题。险而不慌、烦而不怒、临危不惧、从容不迫，这些心理因素有时比智力因素更为重要，它保证了应变者聪明才智的正常发挥。如果临阵慌乱，乱了方寸，只能束手无策，等待他的只能是失败。而镇定从容的心理素质，才能保证临阵的正常发挥。感情用事是正确应变的大敌。

**第三，多留一手。** 临阵磨枪，不如未雨绸缪。上智者认为，预见力远比应变力来得重要。敌变我变，固然重要，但我抢先一步，以我变推断敌之变，就变被动为主动。打仗用兵，舌战用谋，固然不可避免意外之事，但事物变化再多，情况再复杂，总有规律可循。善战者先谋而后战，不善战者先战而后谋。如果我们事先多从坏处着想，从全方位、多角度着想，做好充分的思想准备，多留一手，如此有备无患，多种事情多种准备，这比临场发挥要好得多。经验证明，进攻者最大的优势在于他有主动进攻的精神，一种积极进取的意识，克敌制胜，因此，他总能找到一些制胜的新招数，使自己处于制人而不制于人的地位。防守者最大的劣势在于只有防守意识，只想招架之策，不想出手还手之谋，其结果，只能使自己处于被动挨打的地位。

**第四，集思广益。** 应变有术，应变有方，不但要靠个人，而且要善于依靠集体的智慧、集体的力量。俗话说，三个臭皮匠，顶个诸葛亮。对突发事件，要求反应快，反应正确，这更需要集思广益，听取大家的意见，个人的智慧总是有限的。仍以刘邦为例，韩信打垮齐国以后，就跟刘邦讨价还价，说："齐国紧靠楚国，如果不暂时立个齐王，权力太轻，恐怕不能安定齐国。"刘邦一听，非常恼火，骂道："我被围困在此，早晚盼你前来帮助我，你却想自立为王。"并准备马上进攻韩信。这显然是错误应对。据史学家分析，韩信在当时是举足轻重的，在楚汉之争中，韩信靠向哪一边，历史的天平就可能向它倾斜。张良不愧是出色的谋士，已看到了这一点，对刘邦说："现在我们处于劣势，哪能阻止韩信呢？不如趁机立他为王，好好待他，让他自己镇守齐国，不然会发生变乱。"刘邦明白过来，听从了张良的意见，便说："大丈夫平定诸侯，那就做正式的王，何必做暂时的代理王呢？"于是派张良带着印绶前往，封韩信为齐王。果然，不久项羽派武涉到齐国游说韩信降楚，但是已经晚了。事实证明，智囊人物见多识广，足智多谋，是应变者最好的参谋。

　　随着社会生产力的发展，竞争加剧，应变者更需要智囊，而智囊已由智士向智囊团发展，从人脑向人机结合发展，从策略非程序性向程序性发展，应变者遇到难题时，应更快地向他们咨询，以便迅速正确地做出决策，在竞争中立于不败之地。

# 16
# 顺水推舟·逆水推舟

顺水推舟和逆水推舟，表面上看来是一对反义词，然而，其最终目的都是为我们打破危局和解决问题而服务的。大多时候，顺势是最为明智和最省力气的做法，然而，也有逆势而做出大成功的。下面几个例子便是最好的说明。

**顺水推舟**

顺水推舟，这个成语出自元杂剧奠基人关汉卿的《窦娥冤》："天地也做得个怕硬欺软，却原来也这般顺水推船。"作为成语，其意是顺势或乘便行事。作为智谋的顺水推舟，往往是抓住对方的话茬，顺着说下去，让其向着有利于自己的方向发展，从而折服对手。

上智者不仅自己能言善辩，而且善于借他人之力，为自己使用。顺水推舟是借敌胜敌的策略之一，即不做正面抗衡，而是在迂回的交谈中，顺着对方的话说下去，借力胜敌，从而达到自己的目的。

这便是此谋略的高明之处。

有个病人牙痛，前去医院拔牙。谙于医术的医生，手脚麻利，很快地把牙拔掉了。病人虽然觉得这位医生还有两下子，但又觉得这一会儿工夫，就被他赚了几百元，有点划不来，于是一边付钱，一边揶揄地对医生说："你们牙医真会赚钱，只用三秒钟就赚了几百元。"

医生没有直接反驳对方的话，只是说："你要是愿意的话，另一颗牙，可以用慢动作给你拔。"病人一听，连连叫道："千万别这样，还是请你快些给我拔吧。"

牙医对病人的回敬很巧妙。医疗费用的高低并不在于时间之快慢，如果拔牙拔得慢，医治过程拉得很长，病人备受折磨。时间越长，病人越痛苦，这是显而易见的道理。但是，牙医答复病人，并不正面与其讲理，而是顺着三秒钟的话茬说下去，从而使自己处于十分有利的地位。

欲很好地运用顺水推舟的方法，关键在于抓住对方的话顺推。要熟练掌握之，可以学习以下几种方法。

**第一，抓住对方的恶语顺推。**阿凡提在财主那里当长工。一天早上，雪下得很大，阿凡提披着一张羊皮在财主的院子里扫雪。财主起床后看到阿凡提身上的羊皮挖苦说："喂，阿凡提，你早啊，你身上怎么长出一张兽皮？"

阿凡提没有生气，大声回话："老爷，你身上怎么会长出一张人皮？"

阿凡提反击财主，并不和他正面争辩是非曲直，而是借敌于我，顺着他的恶语反攻，使对方自食其果，自作自受。

**第二，先举事实再顺推要求。**李苹的丈夫是木匠。富虹很想请他帮忙为自己儿子做张写字台，于是问李苹："听说你丈夫是个巧匠，已经帮人做了一套家具。"李苹说："是的。"富虹说："我儿子做作业没有桌子，帮个忙，工钱照付。"

向别人提出要求，先举出事实，再顺水推舟提要求，对方是难以拒绝的。

**第三，抓住谬误再推下去。**《战国策》中记载了一个"温人之周"的故事。

战国时期，诸侯并起，周天子的统治已经名存实亡。有一天，一个来自魏国温地的人来到东周国。管理边境的官吏问他："你是别国来的客人吗？"温人回答说："我是周国人。"可当官吏问他具体住址时，他又答不上来。于是，官吏把他抓了起来。

东周君听说此事后，就派人问他："你明明是外国人，为什么要说自己是东周人？"他却回答说："我从小就学习《诗经》，上面说'普天之下，莫非王土，率土之滨，莫非王臣'。周国贵有天下，天下人都是周国臣子，怎么能说我是外国人呢？"东周君听说此事后，便释放了他。

顺水推舟，借他人之力，为己所用，在日常交谈中被广泛应用，其成功的关键在于，说话之人抓住了对方关键性的话，这句关键性的话能推出一个结果，有利于自己，而不利于对方。如果不能抓住关键性的话，或者推不出有益的结果，这就没有用好这个策略。

## 上智

### 逆水推舟

　　逆水推舟是一种与顺水推舟相反的谋略。某些人因思想情绪的对立，爱唱反调。你要向东，他偏要往西，对这种人不妨采用逆水推舟的方法，反过来说话，以达到自己的目的。

　　凡凡年幼时相当倔强，好唱反调，什么事都要反其道而行之。他的父亲针对儿子的这个个性想出了办法，要想让他做某件事，就偏要反过来不让他做这件事。

　　一天，凡凡随父亲去磨坊，途中要经过一条河。河上架着一座桥，可是桥面却很窄，驴子驮着货物过桥太危险，于是父亲对凡凡说："你从桥上走过去，我牵着牲口从河里走。"凡凡不肯，执意要自己牵着驮着货物的驴涉水过河。当时的河水并不很深，凡凡走得很高兴，不料到河中间的时候，驴背上的布袋歪到了一边，眼看就要掉进河里，父亲见状非常焦急，大声喊道："儿子，注意袋子，它向我这头掉了，不要使劲把它弄好，就让它落下水去！"凡凡瞧瞧袋子，真的歪到父亲那边，快要掉到水里了，再看看父亲满脸焦急的样子，自言自语地说："父亲已经到了这样一把年纪了，可是我过去却一直跟他唱反调，不听话，这回我就照着他的话做吧。"于是凡凡使出全力把布袋往水里推，结果连鞍子一起翻到了河里。父亲大怒："你小子搞什么鬼？"凡凡搔搔头说："没什么呀！爸爸，我只不过想证明一下，你以前下的命令到底有多愚蠢。"

　　凡凡的父亲使用逆水推舟之计，第一次成功了，第二次却使凡凡动了恻隐之心，不再跟父亲对着干，结果凡凡的父亲弄巧成拙。这个故事提醒我们，在使用逆水推舟策略的时候，一定要摸透对方的个性并把握时机。

明朝时，四川有个名叫杨慎的人中了状元。杨慎博学多才，为人耿介，执法无情，刚直不阿，得罪过不少人。后来，他因屡次上书直谏，也得罪了皇帝，皇上非常震怒，准备对杨慎治罪，把他发配远方。杨慎曾经得罪过的一些奸臣们也趁机纷纷给皇上出主意，要把他充军到玉门关外。

杨慎知道皇帝要治自己的罪，一帮奸臣们也会趁机落井下石置自己于死地，便选用了逆水推舟的计策。他求见皇帝的要求得到了允许，觐见时杨慎对皇帝说："臣之罪，罪该万死，皇帝要将我充军，这是对微臣的宽恕，不过请皇上答应我一个小要求。"

"你有什么要求？"皇上问。

"任去关外三千里，不去云南碧鸡关（今昆明市，离杨慎的家乡很近）。"

皇上问其原因，杨慎回答说："皇上有所不知，碧鸡关环境太艰苦了，切莫把我充军到碧鸡关。"

皇帝不再说话，心想：哼！你不想去碧鸡关，我就偏要叫你去。杨慎刚一出官，皇帝就传令下去：把他发配到云南充军。

杨慎想回到离家乡较近的云南去，可是他又知道皇帝与奸臣们对他怀有仇恨，这种心理会使他们和自己对着干，你要去东，他就要你向西，你要干什么，他就偏不要你干什么，而自己又无法与之抗争，于是就说出了与自己意愿相反的话。这话是歪打正着，利用逆水推舟的计策，皇帝把自己发配到云南，遂了自己的心愿。此事杨慎采用逆水推舟的方法来处理，可谓神机妙算，倘若他正面直说，其结果就完全相反了。

## 上智

上智者常常借力致胜。敌力可借，智也可借；长处可借，短处也可借。君子性非异也，善假于物也，逆水推舟，也是借力致胜的一种，巧用这种谋略，常常可以出奇制胜，变被动为主动，收到意想不到的效果。

逆水推舟、借敌之力，还能实现化险为夷，摆脱困境。

唐太宗时，任谏议大夫的魏征素来以直言敢谏著称，哪怕违背唐太宗心意、搞得太宗勃然大怒，魏征也毫不退缩。

一日，在朝堂上，魏征又一次当着朝臣的面驳了唐太宗的面子，气得唐太宗拂袖而出。回到宫中，越想越气的唐太宗大骂道："马上杀了那个乡巴佬！"

此时，长孙皇后刚好经过，便上前问道："是谁敢忤逆陛下？"唐太宗说："除了魏征还能是谁。他竟敢在朝堂上公然羞辱我，让我难堪。"

长孙皇后闻言，马上回去换上了朝服，然后对唐太宗说："臣妾恭喜皇上！"唐太宗不解，问道："皇后这是何意？"长孙皇后不慌不忙地解释说："君主开明则臣下正直。现在魏征直言敢谏，正是陛下开明的缘故，臣妾又怎能不祝贺您呢？"

唐太宗一听，气也消了，杀魏征的事情也不再提起。

长孙皇后劝谏，用的就是逆水推舟的方法，出奇制胜，妙不可言。

在外交斗争中，古人也常常使用逆水推舟的策略。战国时期，七雄称霸，东周和西周这两个小国在夹缝中生存。他们虽然是邻国，但关系极为紧张对立。有一年，东周欲种水稻，而西周偏不让种，堵住水道。这时苏代受东周王的委托前往西周，对西周王说："你把水堵住了,这使东周很高兴,因为他们今年种的是小麦而不是稻子。如果西周让水流入东周,使东周无旱地种麦,东周将颗粒无收。"西周王听了苏代的话,不再堵水,东周如愿种上了水稻。

苏代为了帮助东周得到水,采用的方法就是逆水推舟,他利用了西周王的逆反心理,而西周王不知是计,乖乖地为东周种水稻提供了水源。

逆水推舟,是利用与对方对着干的心理,想要得到 A,嘴里却说不要 A。此策略成功的关键是要摸准对方的心理,千万不要弄巧成拙。

# 17 激将

激将,通常又被称为激将法。激将法是有意识地利用反面的语言手段,刺激对方的自尊心,使对方的言行朝着自己预期目标发展的一种谋略。

当你要说服那些极难说服的人,去做你希望对方做的事情,尤其是那些高高在上、平日里非常自负的人时,最有效的方法是激将法。

激将法是人们很熟悉的说服他人的策略,这种方法源远流长,富含智慧,有非常多的成功例子,且方式多样,技巧丰富。

激将法既可以应用于己方,也可以应用于友方,还可以应用于敌方。激将法应用于己方的时候,目的是调动己方将士的杀敌激情,激发起下属们的行动热情。激将法应用于盟友时,多半是由于盟友面对竞争对手时共同抗敌的决心不够坚定,为了使合作伙伴增加信心,于是使用激将法就很有必要了。激将法应用于敌人时,目的在于激怒敌人,使之丧失理智,做出错误的举措,使己方有可乘之机,进而一击胜之。

激将法也就是古代兵书上所说的"激气""励气"之法和"怒而挠之"的战法。前者是对己和对友，后者则是对敌。

让我们来看看金国开国君主完颜阿骨打是如何对自己的部下将士激将的。

公元12世纪，金人在东北一带兴盛起来。1115年，金太祖完颜阿骨打率领族兵攻占了辽国后方黄龙府，辽天祚帝耶律延禧听闻大惊，忙从对宋前线回到后方，调集了70万大军向金兵压过去。金人势单力孤，形势十分危急。金太祖见此形势，急忙召集部将商议对策。

由于力量对比悬殊，金人众将均觉得压力很大，取胜把握不大，每人都面露难色。金太祖看到大家这样，为了扭转局势，激励士气，就运用了一招"哀兵激将"之法。

只见金太祖完颜阿骨打抽出了腰间短剑，在自己的脸上胡乱地比画了一气，然后仰望天空，痛哭流涕，说："我们不堪忍受辽人的压榨欺侮，所以起兵谋图建立基业，自立一国，使我们成为主人。哪知此举却惹得辽人倾其全力来对付我们。情势如此危急，只有两条生路可走，一条是动员大家，同心协力，携手作战，誓死拼出一条出路来，或许可转败为胜；另一条是众人杀了我全家老小，把罪名推到我身上，然后去乞求辽人开恩，或许可以转祸为福。何去何从，请大家定夺吧！"

将士们看到完颜阿骨打血泪纵横，悲愤交集，也都动了感情，心想："起兵反辽，这是大家的主意，怎么能让他一个人去顶罪呢？再说，即使杀了完颜阿骨打全家去乞求辽人，也未必能得到辽人的原谅,还是会落得一个可悲的下场,倒不如大家拼尽全力去搏一次,或许可求得一条生路。"于是,大家齐声说:"我们起兵,为的是我们的独立,大家都是自愿的。事已至此,只有决一死战。我们愿听从您的指挥,赴汤蹈火,在所不辞!"

金太祖一看自己的"哀兵激将"起了作用,十分高兴,便立即与众将士商量作战部署。大家一致对敌,奋力拼杀,终于以少胜多,击败了辽军,为日后金灭辽打下了坚实的基础。

激将法之所以成为说服工作的"常规武器",就是利用了人们的心理补偿功能。个人因从事某项活动而受到挫折或因个人生理上、心理上的缺陷而达不到原定的目的,使自尊心受到自我压抑,改以其他活动来弥补因挫折而丧失的自信、自尊和不安之感。补偿功能是一种积极应付挫折的防御方式。激将法是有目的地用反话刺激对方,使对方从自我压抑中解脱出来,代之以上进心、荣誉感、奋发精神,从而达到新的心理平衡。

三国时期,诸葛亮前往东吴说服孙权和周瑜联合刘备抗击曹操,使用的就是对盟友的激将法。那么,让我们来看看,诸葛亮是如何智激孙权和周瑜的。

三国时期著名战役赤壁之战,最后以孙刘联盟的胜利而告终,孙、刘两家如不联合起来,就有被各个击破的危险。

孙、刘联合,诸葛亮功不可没。他单枪匹马来到东吴,舌战群儒,智激周瑜,终于取得了外交上的重大突破,实现了孙、刘的第一次联盟。他采用激将法说服周瑜,展示了不凡的外交才能。周瑜虽有抗曹之心,但却看不起刘备的力量,故意在诸葛亮面前摆出要投降的样子，他的用意，是要挟诸葛亮，使诸葛亮有求于他。诸葛亮心里明白，对待这样的关键人物，正面说理是不行的。

于是他故意用反话刺激他，他先挖苦鲁肃不识时务，认为"公瑾主意欲降操，甚为合理"。接着又献出一条妙计："并不劳牵羊担酒，纳土献印；亦不须亲自渡江；只须遣一介之使，扁舟送两个人到江上。操一得此两人，百万之众，皆卸甲卷旗而退矣。"这两人是谁？乃是大乔和小乔。大乔是孙策之妻，小乔是周瑜之妻。

诸葛亮这一激，果然有效，《三国演义》中形象地写了激将后的效果。"周瑜听罢，勃然大怒，离座指北而骂曰：'老贼欺吾太甚！'孔明急起止之曰：'昔单于屡侵疆界，汉天子许以公主和亲，今何惜民间二女乎？'瑜曰：'公有所不知，大乔是孙伯符将军主妇，小乔乃瑜之妻也。'孔明佯作惶恐之状，曰：'亮实不知。失口乱言，死罪！死罪！'瑜曰：'吾与老贼誓不两立。'孔明曰：'事须三思，免致后悔。'瑜曰：'吾承伯符寄托，安有屈身降操之理？适来所言，故相试耳。吾自离鄱阳湖，便有北伐之心，虽刀斧加头，不易其志也！望孔明助一臂之力，同破曹贼。'"

诸葛亮激周瑜，是以曹操欲得二乔的事，使周瑜产生屈辱心理，这位堂堂的兵马大都督受不了这羞辱的一激，竟离座指北而骂，一时忘了和诸葛亮耍小心眼，下定了抗曹决心，而且不再摆架子，反过头来求诸葛亮"助一臂之力"。

激将法往往有多种形式。例如，明激法和暗激法。

明激法是直接贬抑对方，刺痛对方，促使对方振奋起来，从而使对方朝着有利于自己的方向发展。上例中，诸葛亮智激周瑜便是明激法。暗激法是通过褒扬第三者的方法，间接地贬抑对方，从而引发对方的自尊心理的不平衡，产生超越第三者的心理，诸葛亮智激黄忠采用的便是暗激法。

曹军将领张郃率重兵攻打葭萌关，守关将领挡不住，连忙向成都告急。刘备听到了这消息请军师来议。诸葛亮聚众于堂上，问："今葭萌关紧急，必须到阆中召回张飞，方能打退张郃。"法正说："张飞屯兵瓦口，镇守阆中，也是紧要的地方，不可召回，只能在帐中将内选人破张郃。"诸葛亮笑着说："张郃是魏国的名将，非等闲之辈，除非张飞，无人可挡。"

诸葛亮一个劲地褒张飞，赞张郃，黄忠却沉不住气了，说："军师为什么轻视众人呢？我虽不才，愿斩张郃首级，献于麾下。"诸葛亮说："汉升虽勇，但怎奈年老，恐非张郃对手。"黄忠听了，白发倒立说："我虽然老了，两臂尚能拉三石之弓，浑身还有千斤之力，岂有不足与张郃对敌的道理。"诸葛亮说："将军年近七十，如何不老？"黄忠健步下堂，取架上大刀，转动如飞，壁上硬弓，接连被他拉断两张。诸葛亮说："将军要去，谁为副将？"黄忠不服老，说："老将严颜，可同我去，但有疏忽，先砍下我这白头。"

明激是正面地贬抑对方，伤人很重，暗激法间接地贬抑对方，同样也能起到好的激将效果。

汉桓帝时，天下战乱，烽烟四起。而南方的荆州一带，更是朝日不得安宁，今天这群人马杀来，明天那拨人马又退去，搅得天昏地暗，民不聊生。当时的荆州刺史是度尚，他为了保卫家园，便招募本地乡勇，组成州兵，巡逻守卫。

这一年，荆州又杀来了一支队伍，沿途抢掠，每个人身上都揣满了金银财宝。度尚大怒，便带着乡勇杀去，连连获胜。只是，这些乡勇们都是些刚入伍之人，纪律不甚严明，杀死敌兵后，他们便把敌兵抢来的财货都据为己有。如此，几次胜仗下来，敌人杀死了不少，而乡勇们的口袋也鼓胀了起来。

大凡人都有这样的毛病：一旦有了钱，就不想再去卖命了。所以，此后每次打起仗来，亦失去了往日的威风。

度尚心里也着急了："怎么办呢？俗话说，法不责众，乡勇们人人都这样，也不好把他们个个治罪呀！如何才能调动起乡勇们的积极性呢？"度尚左思右想，乡勇们是因有了钱财才失去斗志，要是他们没有了钱财，一定会重生斗志。想到这一点，度尚便眉头一皱，计上心来。

第二天，他宣布放假一天，但不许回家，而是让将士们外出游猎，捕获野味以充口粮。将士们听后极为高兴，便都相约结伴倾巢而出。眼看众将士走远了，度尚便让手下的亲信放起了火来。很快，大火连天，将自己的军营烧了个精光，众将士们掠获回来的钱财也都化为灰烬，只有兵器因带出打猎，故而损失不多。

当乡勇们回营时，面对一片灰烬只能跺脚痛骂，心疼万分。

这时，度尚出来了，他对乡勇们说："敌人乘我们空营，跑来烧了我们的营房，使大家损失尽了财物。可恨不可恨？"

"可恨！"大家发自内心地喊了一声。

度尚又说："金银财宝，绫罗绸缎，敌人那里有的是。弟兄们想要，咱们可以去夺。"于是大手一挥，大家便转身就奔敌营杀去，个个以一当十，把敌军杀得人仰马翻，逃遁百余里外，财物辎重，尽为荆州乡勇所得。从此，敌人知道荆州兵的厉害，再也不敢轻易前来进犯。

在这个故事中，度尚使用的便是暗激之法。他利用把乡勇们的财物暗中烧掉的方式，间接地激起了乡勇们欲重新夺取财物之心。

也许，度尚所使用的"激将法"，在今天看来不怎么磊落、高尚，但当时面对缺乏教育与训练的乡勇，却不失为一条提高他们作战积极性的权宜之计。

从效果上看，激将法还可以分为正激法和负激法。正激法目的是要产生积极情感、积极效果，而负激法则会产生消极情感，消极后果，故而使用激将法要注意掌握一个度，而且还要根据实际情况的需要而使用之。没有一定的度，激将法收不到应有的效果，超过限度，不仅不能朝预期的方向发展，还有可能使对方自甘堕落，破罐子破摔。

激将之高超手法，还有激而有导与激而无形两种。

**激而有导**。激将法往往是以贬抑对方的形式出现的，激发出来的结果往往是一种维护自尊的心理和激情，这种心理是可贵的，十分重要的。没有自尊心理，就没有奋发向上的勇气和精神，但光停留在这种心理状态上还不够，而且也不能持久，还必须进一步引导他走上正确的轨道，树立起正确的人生目标，如此对方的激情才能持久而不衰。

**激而无形**。这种方法没有直露的明显的相激之话，却能使对方不知不觉地朝自己的预期方向发展。英国陆军反间谍部队的高级军官伯尼·费德曼被德军抓获，为了让他投降，德军软硬兼施，全无效果。于是他们让他到德国初级间谍干部学校去，让一个错误百出的人当老师，让这位高级军官当学生，坐在下面听讲。在一窍不通的"老师"面前，费德曼忍无可忍，站出来纠正"老师"的错误，结果德军巧妙地掌握了英美的谍报情况。这种激将法激而无形，更隐蔽、更经济也更巧妙。

# 18 顺耳·逆耳

**顺耳**

批评对方，让对方听起来舒服，心情舒畅，乐意接受，这就是顺耳法策略。

人总是有自尊心，不喜欢听批评，为了维护自尊，常常对批评产生对立和抵触的情绪。闻过则喜的人固然是有，但不是很多，这种人一般都有较高的修养。古代的圣贤，以及有作为的政治家们闻过则喜，是因为他们一则具有较高的政治素养，二则也是为了他们江山的长治久安。但即使是常常以历史为镜的唐太宗，也有听不得批评的时候。他骂敢于直谏的魏征为乡巴佬就是最好的证明。而魏征也并非事事直谏，为了达到目的，他常常改变说服方法，以增强说服的效果。俗话说："一句话使人笑，一句话使人跳。"由此可见顺耳法的价值之所在。

把尖锐的批评说得顺耳些，是能做到理情兼顾的。

东汉顺帝时，苏章升任冀州刺史，他的老朋友在他的属下担任清河郡太守。

有一年苏章巡查部属，查知这位太守有贪赃枉法的行为。于是他请来太守，设宴招待。两位朋友叙说平素友情，很是欢喜，太守高兴地说："别人头上只有一重天，我现在却有两重天。"苏章说："今天晚上我苏章和老友饮酒，这是私人的友情，明天冀州史审查政务，就是公法了。"

第二天，苏章果然列举太守的罪状并加以惩治。从此，冀州境内的百姓都知道苏章大公无私，对他很敬畏。

苏章是位清正廉明的官吏，他的老朋友犯了法，被他查出，他不徇私情，坚持"公了"。而苏章的高明之处，是他的那席话非常顺耳得体。既立场坚定，公私分明，又富有人情味。可见顺耳法是一种全方位思维的结果，是原则性和灵活性、内容和方法巧妙结合的结果。

顺耳的批评有时既能指出问题的要害，又能维护对方的自尊心。

齐景公喜欢鸟，常常爬到树上捉鸟，晏子想批评他使之改掉这个恶习。一天齐景公掏了鸟，一看是小鸟，于是又放回鸟巢里去了。

晏子问齐景公："国君，您怎么累得满头大汗？"

齐景公说："我在掏小鸟，可是掏到的这只太小、太弱，我又把它放回巢里去了。"

晏子称赞说："了不起啊，您具有圣人的品质！"

齐景公说："这怎么能说明我具有圣人的修养呢？"

晏子说："国君，您把小鸟放回巢里，表明您深知长幼的大道理，有可贵的同情心。您对禽兽都这样仁爱，何况对百姓呢？"齐景公听了这些话十分高兴，也不再掏鸟了，而是更多地去关心百姓的疾苦。

晏子批评齐景公，没有一句批评的话，但达到了批评的目的，而且齐景公还十分高兴。

要使尖锐的批评变得顺耳，且能达到预期的效果，关键在于消除对方的心理防御机制，使对方听得舒服顺耳，又能达到批评对方使之改正错误的目的。

使你说的话听起来"顺耳"，方法有很多。

**戴高帽。** 批评对方，先给他戴高帽，再适时含蓄地加以指点和批评。晏子批评齐景公，抓住他放小鸟回巢之事大做文章，说他有仁慈之心，说他有国君的责任感，在齐景公被捧得十分舒心时，再适时对齐景公加以批评。

**先顺后逆。** 有的事情性质严重，批评对方难免尖锐，要说得顺耳，不妨先顺后逆。

陈惠公修陵阳台，还未完工，就把三个监工抓起来了。陵阳台建成，陈惠公邀孔子一同登台观赏。

孔子登上高台，向陈惠公贺喜："高台实在漂亮啊，君王也真贤明，听说修高台的古圣贤，没有不杀一人的。"

陈惠公听了孔子的赞美先是高兴，后又一惊，明白了其中之意，终于把三个抓起来的监工都放了。

**赋贬于褒。** 贬赋褒中，就能有效地避去批评的锋芒，让对方高高兴兴地接受批评。某君的字写得潦草，但他却自鸣得意，不觉得这是个问题。一次他的一本书出版不久，他碰上了该书的责任编辑，该编辑说："你的文章写得太好了，一下子卖了8000册，你的字艺术性很强，如果你能注意把字写得工整些，那就更好了。"

一席话十分顺耳，明扬实抑，明褒实贬，既维护了这位作家的面子，又达到了批评的目的。

顺耳不是目的，而是手段。如果为了追求顺耳，而放弃了原则，那就失去了实施该策略的目的。而且顺耳逆耳要因人而异，对不同的人采用不同的方法，否则不会收到好的效果。反激法听起来十分逆耳，但它却有独特的效果。赤壁之战后，曹操落荒而逃，诸葛亮知道曹操有恩于关羽，而曹操一旦死去，北方必将大乱，自己的三分天下大计又难以实现。于是诸葛亮故意激怒关羽，说他一定会放走曹操，因此不能派他去。关羽大怒，当即立下军令状，带领兵马前往华容道。结果，面对曹操的恳求，关羽想起当年曹操善待他的事实，果然心软放走了曹操。关羽心高气傲，如果诸葛亮以顺耳法相劝，也许达不到目的。

## 逆耳

通常，权谋都有其对应性，有正术，也必有奇术；有实术，也定有虚术，有顺水推舟，也有逆水行船。《兵经百言》云："义必有两，每相对而出。"因而有顺耳之法，也有逆耳之法。

所谓逆耳法是这样一种策略：批评和劝谏对方时，故意说些不中听的话，这种话尖锐刺耳，让对方听起来不舒服，以求引起对方的震惊，从而达到说明之目的。

唐朝的魏征是以讲忠言逆耳之话而出名的宰相。他的耿直不仅仅表现在忠于唐太宗，遇事直言相劝上，而且也表现在他喜欢用忠言逆耳劝谏的策略上。这是因为魏征能抓住对方心理，能因人而异地进行劝说。魏征深知逆耳直谏的价值，他曾对唐太宗说："臣上书，若不激烈直率，就不能引起君王的注意，而激烈直率的进言就近乎毁谤。"这也就是说，魏征的上书常常很不中听，言词往往激烈到近乎诽谤的地步，尖锐得让人很不舒服。魏征这样做的目的，就是要引起君王的注意。这就是逆耳法的价值所在。一国之君，每天听到的批评建议不绝于耳，如果魏征也是泛泛而谈，当然不能引起君王的注意，这就需要把话讲得尖锐些，忠言逆耳，把君王的注意力吸引过来。

王斗是战国时期有名的游说之士，他说服齐宣王就是采取了逆耳法。

王斗来到王宫前，要求谒见齐宣王，齐宣王让侍从带他进殿，然而王斗却说："我虽然名望、权力都很小，但是如果齐宣王能够亲自出来迎接我的话，那这位君主一定是位爱人才的好君主。大王，您打算怎么办呀？"

于是，齐宣王马上从屋里出来亲自迎接王斗。齐宣王上座后说"我固守先主之宗庙，处理一国之朝政，想必先生是一位直言之士，今日到此，有何赐教？"

王斗却说："哪儿的话，生在这种乱世，所侍奉的尽是些无用君主，又怎么能对他们直言。"

齐宣王面露不悦，他原本想听王斗的进谏，却不料遭到了嘲弄。王斗又慢慢地说："贵国先祖桓公，喜好五物，因而能成为霸主，今天，您却只有四件喜爱的东西。"

齐桓公是齐国的先君，曾经结侯称霸，一时间很是了不得。齐宣王听到王斗称赞他与齐桓公有相似之处，便转怒为喜，说："我处理朝政，恐有所失，不能与齐桓公相比。"

"不！桓公爱马，您也爱马；桓公爱犬，您也爱犬；桓公爱美女，您也爱美女；桓公爱人才，但是您好像并不爱人才。"

王斗把齐宣王贬得很低，齐宣王连忙解释说："我虽然也爱惜人才，但是因为现在没有有才能的人，我也就得不到人才。"

王斗说："现今之世，纵然没有麒麟和騄駬这样的好马，您也没有缺少骏马；纵使没有东郭逡这样的狡兔和韩子卢这样的好犬，但您也没有缺少饲犬；纵使没有毛嫱和西施，但后宫佳丽您也不缺乏。所以您是不爱人才的，否则您这里怎么没有人才呢？"

齐宣王说："我忧国爱民，愿招天下有志之士共同处理国政。"

王斗说："如此说来，您比人民更爱好帽子了。"

"为什么？"

"在做帽子时，您并不让随侍右侧的家臣去做，而是请一些裁缝之类的专业人员，这是因为他们的手艺好。然而您治理国家时，重用的却是那些善于巴结的不专业的家臣，所以说您爱人民还不如爱一顶帽子。"

齐宣王听了以后很受启发，认为王斗说得好，于是立即录用了五名新的人才。

王斗对齐宣王，言词狂妄，近乎毁谤，说侍奉的是无用之君，说齐宣王不爱人才，更有甚者，王斗居然要求齐宣王出来迎接他。然而富有戏剧性的是，齐宣王也居然恭敬地出迎，并且采用了王斗的建议。

**逆而不肆**。逆耳说，正话逆说，好话反说，目的正像魏征所说，为引起注意，故意说得刺耳，故意说得令人不舒服，然而逆耳的话既不能太过分，也不能太放肆。

祢衡是三国时期非常有口才的人，但他却被曹操借他人之手杀了，他言辞犀利，能言善辩，然而他却不知韬略，逆而肆，不知有度。

孔融向皇帝进表推荐祢衡，皇帝览表后，交给曹操，于是曹操召他进府。孔融见到曹操后行礼完毕，曹操却不命坐。也正是因为这一点，祢衡说出了下面这些逆耳的话。

祢衡仰天叹道："天地虽阔，怎么没有一个人啊！"曹操说："吾手下有数十人，皆当世英雄，何谓无人？"祢衡说："愿闻高见。"曹操说："荀彧、荀攸、郭嘉、程昱机深智远，虽萧何、陈平也比不上。张辽、许褚、李典、乐进勇不可当，虽岑彭、马武不及。吕虔、满宠为从事；于禁、徐晃为先锋；夏侯惇天下奇才，曹子孝世间福将。怎么能说无人呢？"

祢衡笑着说："您的话差矣，这些人我很了解他们，荀彧可以吊丧问疾；荀攸可以看守坟墓；程昱可以负责关门闭户；郭嘉可以读词念赋；张辽可以击鼓鸣金；许褚可以牧牛放马；乐进可以取状读诏；李典可以传送书信；吕虔可以靡刀铸剑；满宠可以饮酒食糟；于禁可以负板筑墙；徐晃可以屠猪杀狗；夏侯惇为'完体将军'；曹子孝呼为'要钱太守'。其余皆是衣架、酒囊、饭桶、肉袋！"

曹操说："你有何才呢？"

祢衡说："天文地理，无一不通；三教九流，无可不晓；上可以教君为尧舜，下可以配德于孔颜。岂能与俗子共论呢？"

纵观上文可以发现，逆耳法应注意分寸，逆而有节，逆而有度。

祢衡巧舌如簧，说得曹操君臣无言以对，但他说过了头，不注意策略，打击了一大片，他被杀了也就是必然的了。

**不要碰逆鳞**。逆耳法是故意说一些不中听的话使对方震惊，但要注意的是不要碰逆鳞。《韩非子》在说明对君主的进言时，特别说明了这一点。他说："龙这种动物，如果驯服了，就十分温顺，甚至人都可以骑在它的身上。然而龙的喉下长有一块直径为一尺的鳞，如果无意中碰到这块鳞，龙则任暴不堪，使人受到伤害。君主也有逆鳞，如进言能不触鳞，那就再好不过了。"

哪些是君主的逆鳞呢？韩非说：

"君主表里不一时，当他知道了你已看穿了这一点，你自身就有危险了。"

"君主有过失，如从正面进行道理上的责难，你自身就有危险。"

"君主利用别人的智慧取胜，而炫耀为靠自己取得时，如你知道其中真相，你自身就有危险。"

"让君主勉强做他不会做的事，停下他不能停下的事，你自身就有危险。"

不碰逆鳞，是韩非劝谏君主说的，但在当前还有其现实意义。

# 19 虚虚实实

虚虚实实；虚而实之；实而虚之；虚而虚之。

此上等智谋，在前文已有零星介绍，在本文中，将集中推介之，以方便我们学之用之。

行使谋略，特别是在外交、政治以及经济领域中，虚实之术当推为首。《孙子兵法》共13篇，专门有一篇《虚实篇》。外交、军事等领域中的虚实之术，说到底，就是利用虚实真假关系，伪装自己，欺骗对手，从而达到"制人而不被人所制"的目的。

兵道，诡道也。这句话道出了军事、外交等谋略的本质和特征，军事、外交的虚实之术在一定意义上来说是一种伪装之术、欺骗之术，做到"形人而我无形"。一方面要"形人"，使对方暴露真相；另一方面则使自己"无形"，这不仅是伪装自己，更重要的是示假隐真。

兵家称："善学兵者，通于虚实之变，遂可以入于神微之奥。"换句话说，只有通于虚实之变的人，才能算得上是懂得策略神微之奥妙。

四明山流传着这样一个故事。村妇翠儿的丈夫是猎人，常常早上进山打猎，深夜才归。一天来了一个中年人，不怀好意地要求留宿。当他发现家中只有翠儿一人时，更是肆无忌惮，往堂前竹椅上一坐，眼睛不住地向翠儿的卧房里瞧。

翠儿知道来者不善，但一时无主意。她突然看到了丈夫的鞋，计上心来。她装着十分热情的样子，给他沏茶，还拿出鞋来让他换，同时又拿出几双鞋来。那位中年男子说："大嫂，我只要一双就够了。"翠儿沉着回答："我知道。那是我丈夫和三位亲戚的，他们马上就回来了。这几天，我姐夫他们来帮忙种果树。你先歇着，我去做晚饭，一会儿，你与他们一起喝一杯。"说着煞有介事地生火做饭去了。

那个中年人见状，信以为真，悄悄地溜走了。

翠儿使用的是虚而卖之的虚实之术，使自己化险为夷。她先拿出几双鞋，无示之有，然后假戏真做，装着淘米做饭的样子，这么一来，翠儿以其机智保护了自己。

**实而虚之。**本来力量很强大，却装作虚弱，麻痹对方，而后伺机取胜；或者能示之不能，真示之以假，动示之以不动，以此迷惑对方，造成对方判断失误。

公元219年，镇守荆州的西蜀大将军关羽率兵攻打曹魏的樊城，这时对荆州垂涎三尺的孙权感到时机已到，决定偷袭荆州。东吴为了迷惑关羽，演出了几幕虚实戏。首先，吕蒙托病辞职，孙权还假惺惺地去看望他。其次，起用没有众望的陆逊，吕蒙认为：若用众望之人，关羽必有提防，而陆逊"意思深长，而未有远名，非云长所忌"。为了进一步麻痹关羽，陆逊到陆口便修书一封给关羽。在信中，陆逊极尽谦言卑辞之能事，自称"书生疏迟"，能与关将军为邻，"乐自倾尽"，并极力赞美关羽："将军之勋足以长世，虽昔晋文城濮之师，淮阴拔赵之略，蔑以尚兹。"为了引诱关羽从荆州抽兵，便说"（曹）操猾虏也"，很可能暗中增兵，望关羽不要"轻敌"。关羽收到信后，被陆逊制造的假象所迷惑，把大部分兵力抽调到樊城前线。接着陆逊就演了一出"吕蒙白衣袭荆州"的好戏。

关羽大意失荆州，这种大意，便是为吕蒙的"实而虚之"的种种假象所蒙蔽，孙权军事上的胜利，得益于外交上的虚实之计。

**虚而虚之**。本来空虚，却故意向对方公开，对方反疑虚为实，不敢轻举妄动。无而示之无，退示之以退，假示之以假，这种反常的举动，往往会给对方造成判断上的错误：视假为真，视退为进，视无为有。公孙衍破坏齐、赵、楚、燕四国联盟所用的"咬耳朵"之法，实质上采用了虚而虚之的策略。公孙衍与齐王闲侃，其实并无实质性的内容，但却引起了燕、赵、楚的猜忌，视无为有，变假为真。

虚实之术是一种诈术，上智者只有识虚实之势，才能无往而不胜。对真假虚实的把戏，不妨多长一只眼睛，把住"听其言，观其行"的原则，免得上当。虚实之术作为一种策略，有其特定的使用范围和价值，在人民内部，在朋友之间，在法律面前，有时实话实说，以情动人，以理服人，反而会收到好的效果。

在虚实之术中，最常用的计谋有：金蝉脱壳、暗度陈仓、假戏真做、以假隐真、移花接木和指桑骂槐。

**常用谋略一：金蝉脱壳**

金蝉脱壳，是以虚掩实的谋略，摆脱窘境的妙法。它也是"三十六计"中的第二十一计，其原文是："存其形，完其势；友不疑，敌不动。巽而止蛊。"意思是：保存阵地的原形，造成还在原阵地防守的气势，使友军不怀疑，敌人也不敢贸然进犯。在敌人迷惑不解的时候，隐蔽地转移主力。金蝉脱壳是一种军事策略，是一种摆脱敌人，转移式撤退的分身之法，这里的"脱"是存其形式，抽去内容，走而示之不走，稳住对方，脱离险境。

金蝉脱壳是以虚掩实这一策略的一种方法，是一种在困境中取胜，摆脱危机的策略。其成功的关键，除了智力因素外，还有非智力因素。用谋者一般处在危险的困境之中，处在一种十分被动而需马上摆脱争取主动的地位。转危为安的关键在于临危不惧，镇定自若的胆略。艺高人胆大，才能急中生智，摆脱困境。

**常用谋略二：暗度陈仓**

暗度陈仓，为三十六计之一。原文为："示之以动，利其静而有主，益动而巽。"意思是：故意暴露行动，利用敌方在这里固守时，便悄悄地迂回到那里偷袭，这就能乘虚而入，出奇制胜。作为军事策略，是指以正面佯攻，以佯攻的迷惑手段，来伪装攻击路线和突破点的策略。

暗度陈仓的全称为：明修栈道，暗度陈仓，典出楚汉战争。秦朝刚被推翻，刘邦接受张良的计策，把一路走过的几百里栈道全部烧毁，这样做的目的是迷惑项羽，表示刘邦不再离开巴蜀。

为了独霸天下，打败项羽，刘邦准备东征，打开东进的大门，建立兴汉灭楚的根据地，于是派出几百名士兵修复栈道，佯装从老路杀回。守在关中的守将章邯，听到这个消息，哈哈大笑："这样大的工程，几百个士兵哪年哪月能修成？"因此没有引起警惕。但实际上韩信暗中迂回到陈仓，发起突然袭击，一举打败章邯，平定三秦。这里"明修栈道"作为迷惑手段，来达到"暗度陈仓"的目的。暗度陈仓运用于政治、经济、外交等领域中，作为一种舌战谋略，是指以表面上的迷惑手段，来掩盖暗中的企图和行动。

作为虚实之术中的常用计策，暗度陈仓之策略的运用屡见不鲜。

### 常用谋略三：假戏真做

假戏真做是这样一种智谋：它不对论敌做正面的反击，而是装作糊涂，顺着对方的"戏"演下去，然后虚而实之，将计就计，给予对方狠狠一击。

西门豹治邺这段史实，讲述战国时期西门豹运用假戏真做的策略惩治当地邪恶势力，制止"河伯娶妇"虐害人民的做法。从舌战策略来说，这是假戏真做的典型。值得一提的是，河伯娶妇是《史记·滑稽列传》之附传，不是司马迁的作品，而是西汉后期史学家褚少孙续补的。

魏文侯时期，西门豹当了邺地的县令。西门豹一到邺地，就召见了一些老人，问他们当地老百姓最痛苦的事是什么。那些老人告诉西门豹："最痛苦的莫过于给河伯娶妇。为了这个缘故，大家闹得很穷。"西门豹问这是怎么回事。老人们回答说："邺地的三老、廷掾，每年向老百姓征收捐税，收到的钱有上百万，花费其中的二三十万替河神娶妇，把剩下的钱和庙祝、巫婆们一起分了。到了一定时候，巫婆出来巡查，见到那些穷苦人家的女孩子模样长得漂亮一些的就说：'这个应该给河神做夫人。'这话一说，就算聘定了，不愿意还不行。接着就给这个女孩子洗澡洗头，缝制崭新的绸缎嫁衣，要她单身居住，斋戒等待。在漳河边上，搭盖一座房子，作为'斋官'，四面挂着丹黄色和大红色的帐帷，让她住在里边；给她准备好菜肴，好食品，有米酒饭食。过了十多天，大家便把她打扮起来，如同嫁女儿一样。把一张席子当作床，叫她坐在上面，然后抬着席子，把她放在河里，起初浮在水面上，漂流几十里，渐渐沉到水里。那些有漂亮女儿的人家，只怕巫婆和庙祝们来给河神讨娶，所以带着女儿远走高飞了。因此城里显得空荡荡的，这样就更穷了。长久以来都是如此。民间有个传说：如果不给河神娶妇，就要发大水，淹死一城的百姓。"

西门豹说："等到河神娶妇的那一天，希望三老、巫婆、庙祝和各位父老，都到河边上送新娘，也希望你们告诉我一声。"大家都答应了。

到了给河神娶妇那天，西门豹到河边上和大家会合。三老、县里的属吏、豪绅们、当地的父老乡亲和那个被选中的女孩都到了，估计有两三千人。那个巫婆是个老太婆，已经70岁了。跟随她的女徒弟，约有十多个，一律穿着绢做的单衣，站在大巫婆背后。

西门豹说："把河神夫人叫来，看看她漂亮不漂亮。"大家把帐帷中的女孩子带到西门豹面前。西门豹看了一眼，就回头对三老、巫婆、庙祝、父老乡亲们说:"这个女孩子不漂亮,够不上做河神老婆,有劳大巫婆走一趟,到河里去通知河神,等到另外找一个漂亮的女子,过一天再来。"说着喝令属吏差役,抱起大巫婆,抛进了河里。

隔了一会儿,西门豹说:"巫婆怎么走了这么长时间还没有回话?叫个徒弟去催催她。"说着又令人把一个徒弟扔进河里,这样前前后后,扔了三个徒弟到河里。

西门豹说:"巫婆和她的徒弟都是女的,事情讲不清楚,有劳三老去河里通知一下。"不容分说,又把三老扔进河里。西门豹帽子上插着簪笔,把腰弓着像石磬一般,恭恭敬敬地面向河中,不声不响,毕恭毕敬,站了半天。长老、吏官、旁观的人都惊怕起来。西门豹瞟了一眼:"巫婆、三老都不回来,怎么办?"他打算派廷掾和豪绅各一人到河里去催,只差一点就要命令廷掾和豪绅下河去催。这些廷掾和豪绅们都趴在地上磕头,面如土色。

西门豹说:"好吧,姑且等一下吧。"又等了一会儿,西门豹说:"廷掾们起来吧!看样子,河神留客的时间长了,咱们也该休息了,大家回去吧。"

邺地的官吏和乡民被这么一整,十分惊怕,从此之后,谁也不敢再提给河神娶老婆了。

西门豹的这一着可真漂亮,他顺着巫婆们演戏,故作糊涂,接连把巫婆、弟子、三老都投进了河里,这种打击的力度足使廷掾、豪绅恐慌,不敢再干这种事了。这一着又十分讲究策略,"以其人之道,还治其人之身",以通知河神为借口回敬巫婆、庙祝、廷掾等人,使他们自食其果,并有口难言,毫无招架之力。这一着便是假戏真做,应用得好则威力无穷。

假戏真做的策略有其内在的规律和价值。巫婆、三老、豪绅们政权、神权相勾结,打的是治水敬神的幌子,因此他们演的戏虽然残忍荒谬,但在神权社会中,破除迷信是不容易的事,企图通过说理来说服对手,是行不通的,不如假戏真做,以谬治谬,打击有力,也能启发和教育群众,巫婆、三老、廷掾、豪绅们在西门豹的打击下丑态百出,其"为河神娶妇"的荒谬性也就不攻自破。假戏真做是借着对方的戏演下去的,以其之矛,攻其之盾,以其人之道,还治其人之身,这就"顺理成章",显示其斗争的合法性和合理性。西门豹接连把巫婆等人投入河中,名为通知河神,实为惩办罪恶,这是合法惩办,豪绅、三老们只能痛在身上,苦在心里。《兵经百言》云:"翻彼着为我着,因彼计成吾计,则为借敌之智谋。"假戏真做的策略深得借力兵法之妙。

## 常用谋略四:以假隐真

以假隐真,是虚实术之一,即隐藏自己的意图,以假象使对方产生错觉,做出错误的判断,从而战胜对方。

因为正面作战不行,因而只能采取误敌之策,因而以假隐真的策略常常显示其价值,这种策略具有积极和主动的意义。

清朝末年,湖南辰溪县有一家王四开的招商客栈。一天行商杜大爹住在客栈的单人房间里,一觉醒来,发觉自己的50两银子被偷了。那天客栈里并没有其他人,杜大爹便怀疑是老板王四偷的,于是告到县衙门。王四以为他一无人证,二无物证,于是一口否认。

## 上智

辰溪县知县董仲孚，精明能干，多谋善断，他从王四的神色中觉察王四偷窃的可能性极大，可苦于没有证据。于是董县令秘密派遣两名能干的衙役去王四的客栈，对老板娘说："客人丢失银子，你的丈夫王四已招认。现在我们来取这包银子，你老老实实地交出来吧。"

董县令原以为拿到赃物，被告就无法抵赖了。谁料老板娘比王四还要狡猾，竟装作不知道的样子。

其实董县令早已安排好第二个策略，他吩咐衙役：如果被告之妻不承认有银子，可将她带上公堂。老板娘到了大堂之上，还是装作不知道的样子。董县令便按第二条妙计进行。

当衙役去王四客栈时，董县令已经做好了第二个侦讯方案的准备。县令叫王四伸出手来，用红笔在他手心里写了一个"赢"字，然后说："你到台阶下去晒太阳，如果晒了很长时间，字还没有消失，那么你的官司就算打赢了。"

王四的妻子走上堂来，只见丈夫在台阶下晒太阳，弄不清是怎么回事，又不好跟丈夫说话，心中充满疑虑。当她在堂上声称不知道银子的事时，突然听到董县令对王四大声问道："你手里的'赢'字还在不在？"王四连忙回答："在，在，'赢'字还在！"

由于"赢字"与"银子"的发音相近，王四的妻子做贼心虚，既然丈夫承认银子还在，哪里还敢隐瞒，连连磕头供认："老爷恕罪，50两银子确实还在我房中马桶里面，分文不少，请派当差的随我回去拿来。"

董县令因办案"明镜高悬"，离任时辰溪百姓在县衙前树立"董氏万民"石碑一块，以表敬意。

以假隐真,其成功的关键在于能否造成对方的判断失误。心理学认为,造成现象和本质的差异,不在于客观上的"合理性",而在于主观上的"合意性",因此把握对方的思维方式很重要。当董县令假戏真做,问王四"你的'赢'字还在不在"时,王四说"在,在",这一出戏,在不知真相的王四老婆听来,被误认为"你的银子在不在"。按照王四老婆的心理,既然丈夫已经招认了,隐瞒还有什么意义呢?于是是非也就辨明了。因而以假隐真,必须在"假"字上做文章,高妙的示形,真假难辨,似真性大,诱惑性大,几乎难以区分辨认,做到了这一点,才能出神入化,进退自如,做到形人而我无形,制人而不被人所制。

**常用谋略五:移花接木**

移花接木是个成语,意思是把带花的枝条移接在别的树木上,比喻暗中更换人或事物。作为虚实谋略之一,它往往是故意地误解对方,通过巧换概念和转换话题,巧妙地变通对方的观点,成为为自己服务的借口和依据,从而达到自己的目的。

移花接木从逻辑上讲是违反逻辑的,但巧用移花接木,常常能出奇制胜,产生神奇的效果。凡战者不守一术,《孙子兵法》中说:"以正合,以奇胜。故善出奇者,无穷如天地,无竭如河海。"《孙膑兵法·奇正篇》又云:"同,不足以相胜也,故以异为奇。"移花接木,以异为奇,一反舌战守逻辑常规用法,以巧换概念、转换话题的方法,在特殊的语言环境中具有神奇的价值。

**作为幽默的佐料。** 一次,我国的著名国画大师张大千与梅兰芳等社会名流出席宴会。宴会开始时，张大千先生向梅兰芳先生敬酒，说："梅先生，您是君子，我是小人，我先敬您一杯。"众宾客都愣住了，梅兰芳也不解其意，忙微笑询问："此话如何解释？"张大千朗声答道："您是君子动口，我是小人动手。"张大千妙语惊座，满座来宾大笑不止，梅兰芳也乐不可支，把酒一饮而尽，宴会气氛异常活跃。

幽默之妙，常常不遵循逻辑规律，而是借歪理来调侃，理越歪，笑话常来。张大千对"君子动口，小人动手"来个移花接木，取得了幽默的效果。

**用来应付刁难。**应对刁难，也可以故意地误解对方，巧妙地变通对方的观点，将其变为对自己有利的借口，出奇制胜地予以一击。

从前，有个财主特别吝啬奸诈，长工们一年干到头不但拿不到分文工钱，反倒欠他不少债，因而再也无人给他干活了。财主无奈，贴出告示，愿出大价钱雇人干活。

这时，有个年轻长工愿意给他干活，财主答应给他一年50块大洋的工钱。但定下两条规定：一、别人不吃的东西你都得吃；二、别人不干的活你都得干。如果违反一条，就扣除全年的工钱，年轻人全都答应了。

这天，正逢中秋节，财主家的祖先灵位前摆满了瓜果之类的供品。年轻人从地里回来，看到满桌供品，抓起来就吃。财主气坏了，要扣除他全年的工钱。没想到年轻人不紧不慢地说了一番话："老爷，您不是说，别人不吃的东西我都得吃吗？我看到这些供品放了整整一天了，没有人吃，我才敢吃。我正是按照您的吩咐做的，您凭什么扣我的工钱呢？"财主一下子被问住了。

大年初一，财主又叫年轻人出去干活，并说："别人干什么，你也干什么，反正不能待在家里。"年轻人出门看见有人在路边挖墓坑，于是跑到财主家的地里也挖了一个墓坑。财主知道后，气得两眼发直，破口大骂："你这丧门星，大年初一败坏我家的财路，一个子儿也别想要，还不快滚！"年轻人说："是您硬要我出去干活的，并要我别人干什么我也干什么。您又凭什么不给我工钱呢？"财主气得没法，又怕他的力气大且聪明，弄僵了不好收拾，只好乖乖地付了50块大洋。

移花接木，要有个正确的立场和动机，巧用移花接木也有个特定的范围，否则是不足取的。

## 常用谋略六：指桑骂槐

指桑骂槐，意思是明指此而暗骂彼。这个成语出自《红楼梦》。另外，指桑骂槐是三十六计中的第二十六计。此计原文是："大凌小者，警以诱之。刚中而应，行险而顺。"意思是说：强大的慑服弱小的，要用警戒的办法来诱导他。适当的强迫可以得到拥护；使用果敢手段，可以使人敬服。按照三十六计，指桑骂槐是以"杀鸡儆猴，敲山震虎"的方法来统领部下和树立威信的一种手段。

春秋末期，齐景公任命田穰苴为将，带兵抗击晋燕联军，同时又派自己的宠臣庄贾做监军，田穰苴当即与庄贾约定第二天中午到营门会齐。可是等到中午，庄贾还没有来。到黄昏时分庄贾才醉醺醺地姗姗来迟，还推说因亲友们设宴饯行才来迟的。田穰苴叫来法官，问："按军法，无故误时如何处置？"回答说："当斩。"庄贾听

## 上智

了十分害怕，派人马上飞报齐景公搭救，没等派去的人回来，庄贾已被斩首示众，全军将士吓得发抖，庄贾派去的人匆忙返回，闯入营中，带来齐景公的命令，要赦免庄贾。田穰苴说："将在外，君命有所不受。"又问法官："在军营中乱跑马的该如何处置？"回答："该斩。"田穰苴说："君王之使，不可杀。但是犯法者不可不惩！"于是杀了他的随从和驾车的一匹马。

一时之间田穰苴接连杀了两个人、一匹马，这样一来，田穰苴威望大震，没有一个敢违抗军令法纪的。而且晋燕联军听后，急忙撤军，田穰苴乘胜追击，一举收复失地，田穰苴的立威之计，与其说是杀鸡儆猴，还不如说是杀猴儆鸡。杀鸡儆猴，小惊也；杀猴儆鸡，大惊也。猴服了，鸡焉能不服。这便是三十六计中的指桑骂槐，是一种将帅立威之计。

指桑骂槐，是明指此而暗骂彼的一种策略，表面是指责这个人和这件事，而实际上指责和咒骂的是另一件事和另一个人。

这种特定的指责和咒骂策略有其特定的背景和规定性的价值，一是对方是采用指桑骂槐的方法，二是指桑骂槐比"指槐骂槐"更加有用，暗骂比明骂更厉害。

指桑骂槐的价值在于是间接的骂，则避免了公开的冲突，因为表面上骂的是桑，这就使骂的人可进可退，骂了人还不授人以柄，因而指桑骂槐是一种巧妙的骂。巧妙的指桑骂槐往往骂中有劝，有启发暗示，从而达到劝谏的目的。

齐景公的爱马暴毙，盛怒之下，齐景公捉来管马的人要斩首。晏婴立即上前劝阻。

"这个人还不知道自己犯了什么罪而被杀，不如让我先数一数他的罪状再行刑好吗？"

齐景公点点头，晏婴怒视这个人说："你给我好好听着，即使你只是因为一时疏忽而把君主的爱马弄死，也不能宽恕，这是第一个该杀的原因。第二，你为了一匹马而让君主把你杀死，这是陷君主于不仁。第三，你使不仁罪名加诸君主身上，让远近各国诸侯都知道君主为死了一匹马而杀人，你更是罪该万死。以上都是你的罪状，你该知道了吧。"

晏婴说完，就举起剑来，准备刺向管马的人，齐景公恍然大悟，于是收回了刚才的命令。

晏婴不愧为上智者，他的方法即指桑骂槐，并运用得巧妙之极。指桑骂槐有高低之分，晏婴的"骂桑劝槐"，是一种高明的智谋。

# 20 自嘲

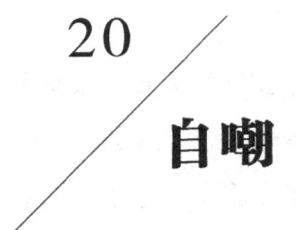

按照常理，一般人总要美化自己，为自己辩解，为自己开脱。但有些名人，却与众不同，别出心裁，喜欢自嘲，嘲笑自己的遭遇，嘲笑自己的长相，嘲笑自己的缺点，甚至嘲笑自己的优点，这种故意自贬自抑，着实引人注目。

**嘲笑自己的遭遇。**清乾隆五十一年，98岁的广东考生谢启祚参加乡试，主考官点名时，劝他回去算了，无奈谢启祚意志坚定，非考不可。老天不负有心人，98岁的谢启祚终于中举。老先生悲喜交集，作《老女出嫁》诗一首自嘲：

行年九十八，出嫁不胜羞。
照镜花生靥，持梳雪满头。

**嘲笑自己的长相。**许多著名的人物，特别是演员，喜欢以自己外貌的某些不足幽默地自嘲。某著名女演员嘴巴长得大，她常常自曝其丑，常常取笑自己的大嘴巴。一位身材发胖的女演员，自得其乐地跳着迪斯科。面对着好奇和讽刺的眼光，她笑着说："胖子跳迪斯科——肉松。"一句自嘲，摆脱了窘境，大家反而觉得这位胖姑娘有可爱的性格和豁达的心胸。

女士如此，先生亦如此。有位伟人经常取笑自己，有一次，他这样当众介绍自己："有时候我觉得自己是丑陋的人，在森林里漫步，遇见一位老妇人。老妇人说：'你是我所见到的最丑的人。'我说，我身不由己。老妇又说：'不，我不这么认为。你至少可以做到待在家里不出来。'"

**取笑自己的失误**。某大作家写作太累，在开会时睡着了，渐渐地，他的鼾声大起，逗得与会者哈哈大笑。他醒来发觉同事们在笑自己。一位同事说："你的'呼噜'打得太有水平了。"他立即接茬说："这可是我的祖传秘方，高水平的还没有发挥。"在大家的一声哄笑中，解了围。

**嘲笑自己家境贫穷**。有位著名影星谈到她童年在贫民区的日子时，打趣地说："我们真是穷死了。但是我们拥有许多金钱买不到的东西，譬如，未付的账单。""我们从来不穷，也没挨过饿，只是有时会把吃饭时间无限期延后罢了。"

**嘲笑自己的见识**。《红楼梦》中的"刘姥姥"，一直是读者喜爱的人物形象之一。她出身贫寒，却总能以幽默的自嘲艺术，让所有人都感到温暖、舒适。比如，在第四十回，贾府众人行酒令，不识字的刘姥姥就巧用幽默的自嘲让众人笑得前仰后合。鸳鸯说："中间'三四'绿配红。"刘姥姥则回答："大火烧了毛毛虫。"鸳鸯说："右边'幺四'真好看。"刘姥姥回答："一个萝卜一头蒜。"鸳鸯笑道:"凑成便是一枝花。"刘姥姥两只手比着,说道:"花儿落了结个大倭瓜。"几句酒令下来,刘姥姥已经用自己幽默的自嘲智慧,让贾府众人在笑声中铭记住了这个幽默的老太太。

智谋用兵,讲究出奇制胜,孙子云:"战势不过奇正,奇正之变,不可胜穷也。奇正还相生,如环之无端,孰能穷之?"身处窘境,一般以理自卫,以理反击,而自嘲谋略,却一反常法,跳出习惯思维的框框,摆脱思维定式的束缚,不断变换自己的思维角度,以自嘲自讽,堵住别人的嘴巴,摆脱窘境,从而站在主动的地位上,化被动为主动。

自嘲策略是幽默的最高层次。口才理论家认为幽默有三个由低到高的层次:只对自己讲的笑话好笑并能做趣味思想的人;只对别人讲的笑话好笑并做趣味思想的人;能笑自己并能做趣味思想的人。其中"能笑自己并能做趣味思想的人"是最佳最高的层次。如果能笑谈自己的失误,并与他人同笑,那么不仅给别人带来了愉快和轻松,同时也治愈了失误引起的尴尬。以自己为对象的笑可以消释误会,抹去苦恼,击倒失败,并能获得自尊。这种理论认为:当你学会了如何取笑自己时,你会发现自己掌握了这种能力——幽默。

下面是我们总结的自嘲的好处。

**自嘲是摆脱窘境的良方。**陷入窘境,逃避嘲笑并非良方,也不是超脱;相反,你怒不可遏的反击,反唇相讥也会遭到更多的嘲讽,不如超脱,自嘲自讽,反而显得豁达和自信。这种超脱使自己摆脱了"狭隘的自尊心理束缚",又堵住了别人的嘴巴。

**自嘲能减轻缺点的程度。**自曝其丑,在大多数情况下能取得出色效果,它显示了一个人的责任心和坦诚,勇于暴露自己的问题,揭露自己的缺点，往往被人视为可靠的人。

　　当然，自嘲也应注意效果，对自己的缺点要做具体的分析。对一些致命的缺点，要慎重处理，视情况而定。

## 21 自己人·动情

**自己人**

这是一种利用自己人角色的心理来达到说服对手的一种策略。这种策略的具体做法是：变换自己的角色位置，以对方的"自己人"角色出现，从而达到说服对方的目的。

说服者往往是一个多角色的人物，是一个身份复杂的结合体。说服者的每一个角色对说服对象会产生不同的影响、不同的作用。以教师为例，教师如以人类文化的传播者、新一代灵魂的塑造者、班级集体的领导等角色出现，他就会产生权威作用；如以学生的心理保健医生、学生的朋友和知己等角色出现，就会产生支持作用；如以纪律的监督者和执行者、告状者等身份出现，就会产生消极作用和对立情绪。以不同的身份和角色进行说服会产生不同的作用和影响，也会直接影响到说服的效果，上智者无不精通于此道。

自己人的策略，在军事上、外交上也有重大的使用价值，已被广泛运用。

五代时期，后晋大将杜重威率10万大军投降辽国。辽国的皇帝耶律德光担心降兵哗变，想把这些降兵赶到黄河里淹死或在陈桥杀掉，都先后被人劝阻了。这10万降兵对辽国来说确是一个潜在的威胁，赵延寿的说服，使用了自己人的策略。燕王赵延寿劝阻说："皇帝您亲冒矢石攻取了晋国，是自己要占有它，还是想让别人占有呢？"耶律德光变色道："我举兵南征，五年不解甲，才得到了它，难道是为他人吗？"

赵延寿说："晋国南有唐，西有蜀，常常与晋国为敌，您也知道这件事吗？"

耶律德光说："知道。"

赵延寿说："晋国国土东起沂州、密州，西到秦州、凤翔，绵延几千里，东南西南分别与吴蜀接界，这么大的疆域都需用兵把守。南方天气炎热潮湿，契丹人生活不习惯，不能久留。日后，您回到北方去，晋国这么大地方，若没有兵将把守，吴蜀等国就会趁机乘虚而入。您若杀掉晋国的10万降兵，会引起晋国百姓的不满，而且也就无晋兵守住边疆，您这样做，难道不是为他人夺取晋国吗？"

耶律德光问："既然如此，你说该怎么办呢？"

赵延寿建议说："陈桥降帅，可以分别戍守南部边境，那么吴蜀就不构成危害了。"

耶律德光说："我以前在上党的时候，决断失误，将后唐的部队全部交给晋国，但晋国君王反过来与我为敌，不断同我作战。我辛苦了多年，才战胜了晋国。今天晋军落到我的手里，不全部除掉他们，难道不会留下后患吗？"

# 上智

赵延寿说："以前晋军在黄河以南，我们没有把他们的妻子儿女作为人质，所以才有后来的事变。现在如果将晋军降兵的家属全部迁到桓州、定州、云州、朔州一带，每年轮流派晋兵往南方戍守，这样就不怕他们兵变，这是上策啊。"

耶律德光听后十分高兴，说："听凭燕王处置晋国降军。"驻扎在陈桥的 10 万降兵终于免遭杀戮。

耶律德光以前吃过亏，要说服他是很不容易的，赵延寿深知这一点，为救 10 万降兵，没有一句是为降兵说话的，而是从耶律德光的利益出发，陈述道理，为其出谋划策，终于达到了说服的目的。如果赵延寿不注意自己的说话角度，后果将是不堪设想的。

运用自己人的策略，要注意心理互换，也就是站在对方的角度谋划和考虑，了解他的心理，了解他的需求，了解他的困难。这种换位思考，往往能使自己考虑问题更合理、更全面，也更容易让对方接受。

## 动情

"动情"，是一种智谋。这是一种以真挚的情感感动人说服人的策略。事实上，动情是"自己人"策略极为常用的表现形式。动情法常常借助于智力、环境等因素的配合，展开攻心战，往往能出其不意地达到说服目的。

情感因素在人际交往中有着重要的价值，正如谚语所说："有了巧舌和真情，你能够用一根头发牵动一头大象。"唐代大诗人白居易也说："感人心者，莫先乎情。"唯有炽热的感情，才会使"快者掀髶，愤者扼腕，悲者掩泣，羡者色飞"。

情感具有感染性，因而它具有鼓动人心的力量。人的情感总是在一定刺激影响下发生的。特别是那些富有情景性的刺激，更易引起人们心理的激动状态。一个人的情感产生后，明显地表现于外在的表情之中，它又作为一种刺激影响别人，被别人体验着，潜移默化地影响着别人。这就是情感的感染性。这种感染性在人际关系中往往发挥感化作用，它能转化人的认识，调节人的行为，成为一种精神力量。

伍子胥因楚平王杀了他的父兄，决心报仇。他投奔吴国，他的朋友申包胥劝他不要以个人的私仇而背叛祖国，伍子胥不听。他到了吴国，先帮助公子光夺取政权，这就是吴王阖闾，乘楚国内乱，兴兵攻楚。这时楚平王已死，楚昭王已即位，楚国郢都被攻破后，他仓皇出逃，伍子胥掘出楚平王的尸体，鞭尸三百，才算出了杀父兄的恶气。

申包胥对伍子胥的行为十分反感，他决心向秦国求援，帮助楚国。虽然楚平王的夫人是秦哀公的女儿，楚昭王是秦哀公的外甥，但是秦哀公考虑到个人的利害而不愿意打仗，就打岔："你路上辛苦了，先休息休息吧。"但申包胥硬是缠着不放，秦哀公索性不理他。申包胥在堂上靠墙站着，呜咽地痛哭，哭声日夜不绝，连一口水也不喝，哭到第七日，申包胥昏倒在地。

秦哀公被感动了，说："楚国有这样的爱国之士，不怕不能振兴，我秦国岂有不相助之理？"秦哀公当即亲自出来，扶起申包胥的头，赶紧给他喝水、服药，把他救醒。

申包胥终于感动了秦哀公，秦哀公向他赋《无衣》之诗，并派出两员大将，率兵车500辆，一下子把吴国打败了。

这便是"申包胥哭秦廷"的故事。申包胥说服秦哀公，主要是凭借自己真实的感情，感动了秦哀公，秦廷大哭，七日不绝，乃至昏倒在地，这种真挚之心，也使秦哀公看到了楚国的希望。秦国伐吴，于秦国安定不利，秦哀公决定出兵，虽然有亲戚关系的因素，但是最终使秦哀公下决心的却是申包胥的赤诚之情。这就是说，情感的价值有时比利大，比血缘关系还重。

动情的方法有很多，但有一条，有爱心才能动真情。吴起是战国时期的名将，他深明为将之道。一个将领要统帅好军队，必须热爱士兵。据说他在担任魏国将领时，他的衣食和士兵一样，睡觉的时候也不铺褥垫，外出时不乘坐马车。有一次当一个士兵因脚肿痛苦不堪时，他用自己的嘴巴为士兵把脓吸出来。在封建时代，一个将领能做到这一点确实难能可贵。

为了报答吴起，这位士兵父子两代打仗都十分英勇，有一人还为吴起而献身。

**借景动情。**人的情感具有情景性，受社会生活条件的制约。创造良好的情景，良好的舆论气氛，能激起相应的感情，在环境上做文章，是动情的有效方法。

郑庄公平定其弟共叔段叛乱，将支持叛乱的母亲武姜置于颍城，发誓说："不到黄泉，永不相见。"

郑国大夫颍考叔听到了这消息，带着一件东西献给郑庄公。郑庄公赏赐给他许多好吃的东西，但他却舍不得吃。郑庄公问他为什么不吃，他说："我有母亲，她吃过我给她的食物，可是没尝过君主的美食佳肴，请求君主赏赐给她。"郑庄公说："你有食物还可以给母亲吃，而我却不能够。"颍考叔请教原因，郑庄公讲了誓不与母亲相见的始末，以及自己现在的悔恨心情。颍考叔说："这有什么难的，如果掘地掘出泉水，再修一条地道，在地道中与母亲相见，有谁会说不应该这样呢？"

郑庄公听从了他的建议，母子相见，十分激动，郑庄公作赋说："大隧之中，其乐也融融！"武姜出来对赋："大隧之外，其乐也泄泄！"于是母子和好如初。

颍考叔说服郑庄公，先以自己为母亲求赐来触动郑庄公，这无疑是一种舆论压力，也就是创造了一种良好的环境氛围。在隧道之中会面既是应了郑庄公"不到黄泉不相见"的话，让他下了个台阶，又创造了一种动情的环境。母子两人在隧道中作赋，出而作赋，凄切委婉，哀婉动人。

**善于激励。**情感有冲动性，鼓动起来，就能形成一股冲动的力量。作为动情的激励，在"激将"等上智里有丰富详尽的阐述。在此处特别提醒的是，对立的冲突和过度的抑郁都会引起激情。这就涉及"激将法"中的"反激"。激情有倾向性，对不良的激情要善于引导，防止感情用事。

## 22 鞭辟入里

鞭辟入里，是指把话说到点子上，把问题分析得深刻透彻因而具有很强的说服力。

鞭辟入里，出自《二程全书·遗书十一》："学只要鞭辟近里，著己而已"。现在，我们往往用"鞭辟入里"来形容言辞文章的道理很透彻，说话往往能够一语中的。鞭辟入里作为智慧谋略，主要是凭借理论深度与宽度取胜，而不是技巧；是凭借智力因素折服对方，而不是以非智力因素巧取。

人类的斗争历史，往往伴随着一场场智力较量，这种较量涉及政治、经济、军事、外交等领域；这种较量上至庙堂的战略决策，下至市井百姓的人际交往；这种较量有时是复杂的，激烈的，甚至是残酷的。诸子争雄，百家斗智，目的往往是希望在竞争中求生存，在斗争中求发展。在智力较量面前，谁能审时度势，以超常的战略眼光预测未来，以深邃的洞察力分析局势，把问题分析得鞭辟入里，谁就能赢得最终的胜利。

## 22 | 鞭辟入里

楚汉相争，刘邦得胜。有一天刘邦在洛阳南宫置酒相庆，他说："各位大臣、将领，不要隐瞒我，都要说真心话。我之所以取得天下，原因是什么呢？项羽之所以失去天下，原因又是什么呢？"

将军高起、王陵对答说："陛下性格豪爽又喜欢欺侮人，项羽仁慈而亲近人，但是陛下派人攻城夺取土地，打下的城池土地就拿来送给有功的人，能和天下人共同享受利益。项羽妒贤嫉能，杀害有功的人，怀疑贤德的人，打了胜仗却不给人记功，争得土地而不给人好处，这是他失去天下的原因。"刘邦说："你们只知其一，不知其二。在帐帷中运筹施计，决定千里之外的胜利，我不如张良；镇守国家，安抚百姓，供给粮饷，不断绝粮路，我不如萧何；组织百万大军，战必胜，攻必克，我不如韩信。这三位都是人杰，我能用他们，这是我所以取得天下的原因；项羽有一个范增却不能任用，这就是项羽所以失去天下的原因。"

其实刘邦战胜项羽的原因很多，他能审时度势，又能赏罚分明；他有高超的谋略、组织才能和军事才能。但是刘邦战胜项羽的根本原因，就在于他能用人，"人尽其才"。文有张良、陈平，这些人都是"运筹帷幄之中，决胜千里之外"的谋士。武有韩信、周勃、樊哙这样的猛将，又有萧何这样的行政经济管理人才。刘邦能择人任势，相信他们，充分发挥他们的才智，故能使自己以弱胜强，反败为胜。刘邦的这席话抓住了问题的本质，说到了问题的关键点上，因而具有很强的说服力。

把话说得鞭辟入里，还在于有超常的预见力，要比一般人看得远一些，认识得更深刻一些。三国时期的典故"隆中对"就是很好的例证。

## 上智

刘备拜访诸葛亮，总共去了三次才见到他。密谈时，他屏退左右，说："汉室崩溃，奸臣窃取朝廷，皇上遭难出奔。我没有估计自己的德行，衡量自己的才干，想在天下伸张大义，可是谋略浅短，因而受到挫折，一直发展到今天，但是我还是没有放弃我的志向，您认为应该从什么地方考虑计策呢？"

诸葛亮说："从董卓以来，豪杰纷纷举事，占领州郡的不可尽数。曹操同袁绍相比，名望低而人手少，但是曹操最终能战胜袁绍，由弱变强的原因，不仅在于天时，还在于人的智谋。今天曹操已拥有百万人马，挟持天子号令诸侯，这实在不能与他争强。孙权占据江东，已经历了三代，地势险要，人民归顺，有才能的人都能被人任用，这可以用来作为外援，而不可打他的主意。荆州北据汉水、沔水，享有物资之利一直到南海，其东南连接吴郡会稽郡，西面直通巴郡蜀郡，这是用兵的地方，而它的主人却不能守，这大概是老天拿来资助将军您的地方，将军是否有谋取它的意图呢？益州地势险要，肥沃的土壤有上千里。这是天府之地，高祖凭着它完成了帝业。刘璋昏庸懦弱，张鲁在北边，人众国富，而他们不知道爱护百姓，有聪明才干的人盼望得到英明的君主。将军是汉室的后代，信义闻名于天下，广泛地招揽天下英雄，恩贤如渴；若占据荆州、益州，守住它们险要的地方，西面和各少数民族和好，南面安抚各族，对外与孙权建立友好关系，对内修明政治，天下一旦形势有变化，就命令一上将带领荆州的部队杀向宛、洛，将军亲自率领益州的人马从秦川出击，老百姓谁敢不用竹篮盛着饭食，用壶装着酒来迎接将军您呢？果真能这样，那么霸业就可以成功，汉王室就可以复兴了。"

刘备说："好。"从此与诸葛亮的感情一天比一天亲密。

《隆中对》中，诸葛亮未出茅庐而知天下，为刘备制定了"占据荆益，西和诸戎，南抚夷越，外结好孙权，共同抗曹，恢复汉室"的对策，而以后历史的发展、三国鼎立局面的形成，正和诸葛亮的卓识远见相吻合。如此英明的远见，如此精确的历史预测，也正是能令人折服的力量所在。

《吕氏春秋·察今》中有这样的话："故审堂下之阴，而知日月之行，阴阳之变；见瓶水之冰，而知天下之寒，鱼鳖之藏也。"鞭辟入里，还需有明察秋毫的洞察力。这种洞察力是一种透视力，不为表面现象所迷惑，不为假象所左右的一种穿透力。

袁绍派人招纳张绣，同时给贾诩带去一封信，表示愿意结为朋友。张绣想答应袁绍，贾诩在张绣的客座上态度鲜明地对袁绍的使者说："你回去告诉袁绍，他们兄弟之间都不能相容，还能容纳天下杰出的人士吗？"张绣惊恐地说："袁绍哪里会像你说的这样？"又偷偷地对贾诩说："这样说来，我们应该归附谁？"贾诩说："不如依靠曹公。"张绣说："袁绍强曹操弱，又加上以前与曹操有仇，归附他会怎么样呢？"贾诩解释说："正因为这样，才应该归附曹公。曹公奉天子以号令天下，这是应该归附他的理由之一；袁绍势力强盛，我们带少量的人依顺他，一定不以我们为重，曹公兵力弱，他们收留我们一定高兴，这是归附曹公的理由之二；那些有霸王之志的人，必然会放下私怨来向天下人显示他们的品德，这是应该归顺曹公的理由之三。希望将军不要犹豫了。"

袁强曹弱，贾诩却认为，张绣应归附曹操。事实证明贾诩的判断是正确的，他的三条理由能透过表面现象看到其本质，袁绍虽强，却连兄弟也不能团结，曹虽弱，归之必喜；曹有志，必不计前嫌。

鞭辟入里，归根到底在于对事物本质的深刻理解和把握，关键在于不为表面现象所迷惑。贾诩对局势拥有鞭辟入里的洞察力，因而为张绣找到了正确的投靠方向，也为自己成为历史名臣做了很好的铺垫。

## 23 打比方

　　打比方，是指用某些类似的事物来比拟想要说的某一事物，以便表达得更加鲜明生动，让听者更容易理解。打比方，古词语称比方，现在又称为比喻。"比方"一词，出自《荀子·强国》："今君人者，譬称比方则欲自并乎汤武……"在《礼记》中也有这样的句子："不胜丧，乃比于不慈不孝。"

　　打比方是古今口才大师和谈判高手最常用的谋略武器，为了引导对方懂得某个道理，需借助某一个类似的事物加以说明和描述，这个类似的事物称之为喻体（被比方的事称之为本体），借助这个喻体，能把抽象的道理说得具体，能把深奥的哲理讲得浅显，能把生疏的事物说得熟悉。借助于喻体，引起对方联想，启发对方思考，启迪对方思想，从而说服对手。

　　打比方是口才策略中的精华，交战的"常规武器"。高明的外交家和谈判家，有时候能凭借打一个比方，就战胜了百万之师。

　　楚国大将昭阳统率楚国军队攻打魏国，歼灭了很多魏国将士，夺得了八座城池。他雄心勃勃，又挥师向齐，调动军队攻打齐国，可谓气势汹汹，不可一世。秦国的陈轸作为齐国的使者，去拜见昭阳。他凭借着自己的三寸不烂之舌，终于说服了昭阳，遏制了不可一世的胜利之师。陈轸所采用的策略，便是打比方这一秘密武器。

　　陈轸见了昭阳，行了大礼后，首先祝贺楚军得胜，然后起身问昭阳："按照楚国的法令，歼灭敌军，斩杀敌将，将得到怎样的官爵呢？"昭阳说："官为'上柱国'，爵为'上执珪'。"陈轸又问："比这更高的职位是什么呢？"昭阳说："只有令尹了。"陈轸接着问："令尹最高贵了，楚王不会设两个令尹呀！我冒昧地为您打个比方，可以吗？楚国有个祭祀的人，赐给门客一壶酒。门客们商量并约定说：'一壶酒，几个人喝不够，一个人喝有余，让我们在地上画蛇，先画成的先喝酒。'一个人先画成了蛇，拿过酒杯就准备喝，突然，他左手拿着酒杯，右手又在地上画了起来，说：'我能给蛇画上脚。'蛇脚还没有画成，另一个人已经画好了蛇，夺过那人的酒壶说：'蛇本来就没有脚，你怎么能给它添上脚呢？'于是喝了那壶酒，而替蛇画脚的门客，终于失掉了那壶酒。现在您帮着楚国攻打魏国，破魏军杀魏将，得到了八座城池。您不能以为自己的军队兵强马壮，就又想攻打齐国。齐国怕得厉害，您因此得名，就足够了。您的官爵已经到顶了，不能再加了。战无不胜而不懂得适可而止，将有杀身之祸，爵位将归后来的人，您这种做法就像是画蛇添足一样。"昭阳听了陈轸这番话后，认为说得非常对，于是便带领军队撤回了楚国。

　　陈轸用"画蛇添足"这个故事说明了一个深刻的道理。昭阳伐魏攻齐，名高官极，但就好像是"画蛇添足者终失其酒"一样，功高震主，必定会招致忌恨。这一浅显的比方，含蓄地点破了这层意思，使昭阳清醒过来，撤军回国了。陈轸攻心有方，借助打比方一术，通过说服主帅，退了十万之兵。不战而屈人之兵，善之善者也。

运用打比方以取胜，首先在于它的启发功能。

打比方，往往是借助于相类似的具体事物说理，从而将深奥的道理说得浅显，把抽象的道理说得具体，把生疏的道理说得使人一下子就明白。

## 24 先发制人·后发制人

先发制人，后发制于人，这个智谋是很多中国人都耳熟能详的。确实，抢占先机，占领制高点，往往能起到事半功倍的效果。当然，有些事情是有例外的。有时候，后发，亦能制人。

**先发制人**

先发制人，出自《史记·项羽本纪》。公元前209年，项羽对他的叔父项梁说："现在秦朝气数已尽，长江北岸已经揭竿而起，我听说，'先发制人，后则为人所制。'……"《汉书·陈胜项籍传》也记载道："先发制人，后发制于人。"先发制人，指战争的双方，先发动的处于主动地位，可以控制对方。在口才策略里，先发制人的策略是指抢先取胜，在对方未说话、未行动之前先下手，从而控制对方，使自己处于主动地位。

《兵经百言》云"兵有先天，有先机，有先手，有先声"四种方式。军队刚一行动就抑制、挫折对方的计谋，称之为"先声"；抢先占领敌我必争之地的，称之为"先手"；不依靠短兵相接的取胜，而预先布置计谋取胜为"先机"；不用争夺而制止争夺，不用战争而制止战争，在战争还没有爆发时，就胜于无形，这是"先天"。作战中先发制人最重要，而在先发制人的各种手段中，又以"先天"最为重要，谁掌握了先发制人的诀窍，谁就掌握了《兵经百言》的核心内容。

策略智慧中的先发制人，有时还在于"先入为主"的心理效应，例如交谈，更是如此。人们通常以先听到的话或先接受的意见为主，以后再听到不同的话或意见就会排斥或不相信。以先入之语为主，如果对方一开始就说真话并且印象很深，那么以后说谎话，也会被认为是真话。秦国名相甘茂就是以先入为主的方式战胜对手公孙衍的。

秦王有意任命公孙衍为丞相，而把甘茂冷落到一旁。甘茂听到这个消息之后，马上拜见国君，向秦王祝贺得到新的秦相。秦王一听吃了一惊，心想他是怎么知道的。

甘茂略做停顿，说出了致命的中伤之语："是公孙衍说的。"

秦王心想，公孙衍这人真不可靠，于是就把他流放了。其实秦王只要仔细想一想，就会明白公孙衍怎么可能会把这话讲给自己的对手甘茂听呢？

先入为主的效应在于先听到的意见会造成一种心理定式，而这种心理定式则会影响对后听到的意见的评判和决断。

有矛必有盾，在"交锋"中，对方一旦先发制人，则不必惊慌，要缓动待机，摸清情况，切勿匆忙表态。如果对方占据有利地位，并先发制人,迫使你做让步时,则可以在缓动中后发制人,努力改变自己的被动地位。

## 后发制人

后发制人,出自《荀子·议兵》:"后之发,先之至,此用兵之要术也。"后发制人在军事、政治、论辩口才中用法有异,但都有共通之处,即先让一步,等待对方暴露弱点,避敌之长,乘敌之短,再一举战胜对方。

先发制人和后发制人,都是争取主动的重要谋略。对方处在强盛之时,或对方虚实未知,意图不明,这时不如巧与周旋,等待时机,等敌阵久气衰,虚处尽露,意图已知,然后避实就虚,我方由被动变为主动,一举而获胜。后发制人虽然先让一步,然而,"后之发,先之至"。这也是迂回的一种妙术。

军事上的后发制人,往往出于强而避之,虚而乘之。《百战奇法·后战》云:"凡战,若敌人行阵整而且锐,未可与战,宜坚壁待之;候其阵久气衰,起而击之,无有不胜。法曰:'后于人以待其衰。'"

政治上的后发制人,乃在于争取道义上的主动,让对方充分暴露,借以赢得民心,争取主动。郑庄公克段于鄢,欲擒先纵,后发制人,先让共叔段面目充分暴露,然后在鄢一举灭之。郑庄公之所以如此,是为了暴露共叔段的野心,争取自己道义上的胜利。

论辩上的后发制人,也在于捕捉对方的虚弱之处,在迂回之中寻找后发制人的战机。

三国时期的杨修乃是能言善辩之人，他口才出众，思维敏捷，连曹操也说不过他。张松来到曹操处，他与杨修之间展开了一场论辩。张松来了个后发制人，使杨修败在他的手下。《三国演义》中记载了这个故事。

张松知道杨修是个能言善辩之人，有意要难倒他。杨修也仗着自己的才干，小看天下之士，不把张松放在眼里。当时杨修见张松话中带刺，于是邀请张松到书院里，分主宾坐下。杨修对张松说："蜀道崎岖不平，远道而来，辛苦了。"张松说："奉主公之命，即使赴汤蹈火，也不敢推辞。"杨修又问："蜀中人才怎么样？"张松说："文人有司马相如那样的天资，武将有严君平那样的精英。三教九流，出类拔萃的，记也记不清，不能数尽！"杨修又问："当今刘季玉手下，像您这样的人还有几个？"张松说："能文能武，智勇双全，忠义慷慨之士，数以百计。像我这样的无才之辈，车载斗量，不可胜数。"杨修问："您现在任什么职？"张松说："滥竽充数做个伴驾的差事，非常不称职。大胆请问您在朝廷做什么官？"杨修说："现任丞相府主簿。"张松说："早就听说您家中世代都是做大官的，您为什么不在朝为相，辅佐天子，却自鸣得意地做相府门下的一名吏官呢？"杨修听到这些话，满脸羞红。

杨修与张松的对辩，一主一客，一攻一守，杨修占攻势，张松居守势。一问一答，虽然彬彬有礼，却唇枪舌剑，处处有陷阱。杨修四问，张松四答，随口而出，又出口成章，不假思索，当问到"官居何职"时，突然反击，这一击，击中杨修的痛处，使之"满脸羞红"。张松胜杨修，防中待机，抓住对方的弱点，给以致命一击，显示了张松高超的口才。

后发制人，往往是一场持久战，使用这一策略，耐心是必要的，退让一步也是必要的。在退让之中，耐心沉着，寻找战机，切不可操之过急。杨修想难倒张松，四处出击，却忘了自卫，结果被张松抓住了破绽。张松虽居守势，却沉着应付，滴水不漏。

另外，战机也有瞬间性，一晃而过，要及时捕捉，如果错过战机，"制人"不成，反而会被人所制。

# 25

## 阴谋·阳谋

策略是工具，与善恶无关，但与用计者的立场、目的有关，它更注重客观效果。

策略术法本身与善恶的界限无关。它只是一种纯粹的技术，依据施计谋者的立场和目的，或益或害，或光明或阴暗。与其有"人皆不可信"的抱怨，沉迷于深切的苦闷中，倒不如掌握这一技法，从容地越过充满防备与诡诈的险境。

的确，同一策略被正直的人所应用，就能为民为国造福，被心怀不轨的人所用就会给人民和国家带来危害。

事实上，许多策略无好坏之分，没有阶级性，但是策略的运用和结果，用策者的立场和目的，都带上了阶级特色：为民、为国、为进步的是"阳谋"，为私欲、为剥削阶级的是"阴谋"。

以中伤为例。中伤之术乃以假话谣言来达到伤人的目的，被人称为"邪术"。然而，借此术来分化敌人，历史上并不少见。严世藩是明朝大奸臣，明朝宰相徐阶为了为民除害，就是用中伤之术，并借皇帝之手杀了严世藩。当时倭寇入侵中原，为明王朝之大患，于是，徐阶便向皇上呈递了关于严世藩通倭寇的奏折，皇上果然将其杀了。严世藩没有暗通倭寇，但是，徐阶用中伤之术，为国除了这一害，虽然不择手段，但于国计民生，却是有益的。因此，这里的中伤之术就可以称为"阳谋"。

策略的评估要强调动机和效果的统一，以此而论，徐阶中伤严世藩，就能得到圆满而正义的结论。

那么，设计用谋有哪些标准呢？

一是政策标准。施计用谋要符合历史发展的规律，符合社会规范、道德水准与政策法令。要严格区分两类不同性质的矛盾。美人计、中伤之类的策略，不适用于组织内部。经济谈判，则必须在法律允许的范围内进行，违反国家经济法律和政策，即使取得再大的经济效益，也应以触犯法律论处。

二是有利标准。在政策、法令允许的范围之内，以最小的代价，花最少的精力，冒最小的风险，取得最佳的效益。

## 谎言策略

与阴谋、阳谋关系最密切的是谎言。因此，这里极有必要介绍一下"谎言策略"，或者称之为"谎言法"。

谎言法是以假话蒙骗对方，造成对方判断和行动上的失误，从而使自己获胜的一种策略。

谎言就其本身来说是假的，但作为一种策略，它有时候却是智慧的表现、强者的表现、善良的表现，它并不完全和阴谋画等号，它也可以是"阳谋"。

谎言法的谋略价值在于它以假话蒙蔽对方，从而造成对方的判断失误，为自己的胜利奠定基础。《兵经百言·误》云："克敌之要，非德以力胜，乃以术误之也……故善用兵者，误人而不被人误。"在军事领域、政治领域、外交领域、经济领域等，施谋斗智，一方的胜利是以另一方的失误为前提，高明的人总是在研究对方的基础上，巧妙地造成对方的失误，置对方于被动挨打的地位。孙子说得好：兵者，诡道也。为了误敌，虚虚实实，真真假假，示形用诈，能而示之不能，进而示之退，声东而击西，然后出奇制胜。因而一谈策略，便和阴谋诡计画上等号，一谈谎言，便和虚假画上等号，这是错误的。

智慧的表现。下面的故事中，顾琛以谎言遮虚，从故事情节来看，能不能以谎言遮虚，反映了顾琛的政治敏感和才能。

南北朝时，宋文帝刘义隆是个好大喜功、自命不凡的人。他看到国家这几年里有点储备，就想对北魏用兵，企图收复黄河以北的土地。公元430年，他曾派右将军到彦之统率十万大军北伐，被北魏骑兵打得大败，狼狈逃回，军器抛弃无数，国库为之空虚。

有一天宋文帝与大臣们宴饮，宴席上有北魏投降的人在座。宋文帝一时疏忽，便问尚书库部郎顾琛："武库中兵器还有多少？"顾琛看了看北魏投降的人，一面暗示，一面谎报说："还有供十万人使用的兵器。"

宋文帝发问后就觉得失言，感到后悔，听到顾琛机智的回答，十分欢喜。宋文帝在有北魏投降的人在座的情况下，失言询问国库兵器情况，在十万大军被北魏打得大败、国库空虚的情况下，这种发问显然是涉及国家安危的重大机密，顾琛以谎言遮掩，诡称还有可供十万人使用的兵器，表现了一个政治家敏锐的应变力和出色的政治才能。谎报军情，在通常情况下为撒谎，以此回答皇帝，则为欺君，但顾琛在特定的背景下，不仅合理，而且很有必要，值得赞扬。

谎言策略常常作为外交的武器，在战国时期，外交家凭着三寸不烂之舌，游说列国，合纵连横，称雄一时，他们采取的手段不少是谎言法。

张仪是战国时期的政治家、外交家，他攻破齐楚联盟，使合纵联盟土崩瓦解，为秦始皇攻破六国统一中国打开局面，在客观上无疑是顺应历史潮流的。六国联盟，核心是齐楚联盟，齐楚两国实力雄厚，举足轻重，一个在东，一个在南，对秦国形成相制之势，秦国无法直接攻打他们。然而使齐楚联盟瓦解的不是军事行为，而是谎言策略。

秦国派张仪到楚国，张仪游说楚怀王说："大王如果能听从我，关闭齐楚两国边界通道，同齐国断绝合纵之约，我愿意奉献秦国商於的土地六百里，还让秦国的美女做侍候大王的妾，秦楚两国互通婚姻，永结兄弟之邦。"楚怀王美滋滋地答应了张仪的要求。

对于张仪的阴谋，有一个叫陈轸的谋士认为张仪的承诺是不可靠的，他说："秦之所以重视楚国，理由很简单，无非是想以楚为后盾去对抗齐国。若和齐国断交，楚必孤立。秦王没有必要给一个孤立无援之国六百里的商於之地。依臣之见，不如表面上佯装和齐断交，再派人去监视张仪为上策。"

然而，楚怀王却利令智昏，听不进去，急着和齐国断交，齐国也不甘示弱，立即采取报复措施，和秦联合，共同抗楚。而张仪先是佯装从马上掉下来，以此为借口三个月没有上朝，直到齐楚断交、齐秦联盟抗楚局面形成时，张仪才出朝，对楚使者说："我把秦王赏我的六里地送给楚王吧，这是我自己的封地。"楚王终于意识到受了欺骗，但为时已晚。

张仪用谎言破坏齐楚联盟，手法上是高明的，客观上也为秦王的"远交近攻"策略打下了基础，为统一中国立下功劳，但给人们的印象是恶劣的。

谎言策略以假话蒙骗对方，从而使对方在判断和行动上失误，使用这些策略要注意特定的范围和对象。要反对全盘否定的做法，也要反对不顾主观动机与客观效果而盲目乱用的做法。不可否认，谎言一般是丑的表现，无论是在主观上，还是效果上，这不仅不值得提倡，而且要反对。对谎言策略的应对之策，是控制自己的情绪，保持高度警觉，防止上当。

## 26 下马威

下马威，这个词语出自《汉书·叙传上》："定襄闻伯素贵，年少，自请治剧，畏其下车作威，吏民竦息。"《二刻拍案惊奇》里则有这样的话："李彪终久是衙门人手段，走到灶下取一根劈材来，先把李旺打一个下马威。"下马威原指官吏初到任时对下属显示的威风，后泛指一开头就向对方施以打击和显示威力。

下马威策略常用的手法往往是：出其不意，攻其不备，一下子给对方以打击和向其显示威力，使对手措手不及，从心理上慑服对手。

曹操平定河北之后，便大举南下，征伐荆州。刘琮自知不是曹操的对手，便率众投降。这样，曹操不费吹灰之力，即占领了襄阳。而刘备因寡不敌众，只好率众退往江陵，但在长坂坡被曹军追上。双方血战一场，刘备大败，幸得张飞保护，且战且走。待到天明，追兵渐远，刘备方敢下马歇息。这时，赵云、糜竺、简雍等均不知下落，刘备身边只剩下100多名骑兵。

正凄惶之间，忽见糜芳面带数箭，踉跄而来，口称"赵云投降曹操去了"。刘备不信，张飞说："他见我们势穷力尽，所以投降曹操，以便图取富贵。我现在就去找他，如果撞见，就一枪刺死他。"说完，不听刘备劝阻，便飞身上马，率20多名骑兵，回到长坂桥边。他看见桥东有一大片树林，于是心生一计，让那20多名骑兵砍下树枝，拴在马尾上，在树林中往来奔驰，扬起尘土，装作疑兵；自己则横矛立马于桥上，向西而望。

另一处，赵云并没有投降曹操。撤退时，他受命保护老小，在长坂坡被曹军冲散，便不顾生死，翻身杀入重围。经过一天的血战，赵云先后救出简雍、糜竺、甘夫人和刘禅，杀死了曹营名将50多人，突出重围，到长坂桥边时，已经是人困马乏。他看见张飞挺矛立马于桥上，便大呼："益德援我！"张飞因有简雍报信，知赵云并未背叛，便说："子龙快走，追兵有我抵挡。"赵云纵马过桥。此时，曹军大将文聘引军至桥边。他看到张飞倒竖虎须，圆睁环眼，手持蛇矛，立马桥上；又见桥东树林之后，尘土飞扬，疑有伏兵，便勒住了马，不敢向前。

过了一会儿，曹仁、李典、张辽、许褚等人陆续追到，也都不敢近前，只是使人飞报曹操。曹操闻报，急忙上马赶来。张飞见曹军阵后青罗伞盖与旄钺旌旗渐近，知道是曹操快到了，便大喝道："我乃是燕人张益德，谁敢与我决一死战？"声如响雷，曹军听了，不由得个个两腿发抖。

曹操忙令人去掉伞盖，回顾左右道："我以前曾听关云长说过：'张飞在百万军中取上将之首，有如探囊取物。'今日相逢，大家切不可轻敌！"

## 上智

曹操话音未落，张飞又大喝道："燕人张益德在此，谁敢来决一死战？"曹操见张飞气概如此雄壮，遂有退兵之心。张飞见曹操后军阵脚移动，挺矛又大喝道："战又不战，退又不退，却是何故？"喊声尚未断绝，曹操身边的将领夏侯杰，竟然吓得肝胆碎裂，倒撞马下。曹操见状，拨马便走。于是，曹军众将一齐往西而逃。一时人如潮涌，马似山崩；弃枪落盔者，自相践踏而死者，不计其数。

在长坂坡上，张飞利用自己的威势，居然能把人多势众的曹军吓退，这不能不说"下马威"的威力之巨大。

用下马威镇住对手，一是靠威，二是靠突然袭击。对方在突然袭击面前，无可提防，不明虚实，不知所措，于是束手就擒。

唐太宗李世民就是一位将"下马威"利用得十分巧妙的帝王。在李世民16岁那年，隋炀帝出巡北方边塞，突厥的始毕可汗察觉这是个机会，于是动员突厥数10万人突袭隋炀帝，将他包围在雁门。隋炀帝束手无策，只好将诏书绑在木头上抛入汾水，让看到的人都来救驾。

李世民听闻此事，立刻应募从军，并被分到了云定兴的帐下。他对云定兴说："我们只有两万多新兵，正面作战绝无胜算，只有尽可能壮大声势，让突厥误以为大军压境，才能不战而胜。"在他的提议下，云定兴故意让军队升起旌旗、扬起沙尘，反反复复地进出营地，装出络绎不绝的样子。始毕可汗见状，以为隋军援兵到来，连忙解围撤退。

数年后，李渊起兵建立唐朝，李世民率军东征西讨，成了当时最大的势力。公元621年，唐军与窦建德在虎牢决战。当时，唐军只有3000余人，窦建德则坐拥10万大军，但是粮草已经用尽，急切地寻求决战。

五月，窦建德的军队已经十分疲劳，在李世民的袭扰下秩序大乱。李世民见状，率领自己最为精锐的"玄甲军"直冲敌阵，早已厌倦了战争的窦建德的军士一见到这些身着黑甲、凶神恶煞般的唐军杀到，纷纷丢盔弃甲而逃，10万大军一触即溃。最终，窦建德被俘，死守洛阳的王世充也只好投降，中国北方就此一战而定。

策略如工具，谁都能用。在政治斗争、经济斗争、外交斗争中屡见不鲜，研究破"下马威"的对应之策，"破彼之破"是十分必要的。

模糊应付，以柔克刚，便是一法。董卓是汉末政治斗争中的权臣。他的篡逆野心蓄谋已久，为了达到目的，于是董卓对皇甫嵩进行试探。董卓到长安，朝廷公卿都在董卓的车前迎接跪拜，董卓拉着御史中丞皇甫嵩的手对他说："义真（皇甫嵩之字）怕不怕我呀？"皇甫嵩说："明公用仁德之心辅佐朝廷，正是咱们的大喜事，有什么好怕的？如果滥施刑罚以显威势，天下人都恐惧不安，岂止我一个人害怕呢？"

董卓为了试探皇甫嵩，给他个下马威，意在问其服不服，皇甫嵩不卑不亢，来了个模糊应答。这种模糊应答，既不说怕，也不说不怕。在模糊应答中，既撕掉董卓伪善的假面具，又显出他施淫威的狰狞面目。

对付"下马威"的另一个办法是晓之以理。赤壁之战后，吴蜀关系一度紧张起来，为雪张飞遇害之恨，刘备兴兵伐吴，又被陆逊烧营七百里，一时吴蜀矛盾尖锐，吴蜀联盟共同拒曹的政策遭到了破坏，于是诸葛亮派邓芝使吴，重修联盟，共同抗敌。但是孙权却给他来了个下马威：行至官门前，只见两行武士，威风凛凛，各持钢刀、大斧、长戟、短剑，直到殿上。在殿前又见鼎镬内热油正沸，左右武士以目相视。对此邓芝只是微微一笑，先是责怪孙权胆小，东吴无贤，又晓之以理，说明称臣于魏的后果——江南之地不再为大王所有，强调联蜀抗曹的重要性。两国终于重修于好，共同抗曹。

# 27 换汤不换药

　　同样的意思，表达方式不一样，效果会完全不同。正如给小孩子喂药吃，如果能够用好喝的汤来喂送，或者像现在的药品那样包上糖衣，小孩子就比较乐意吃。虽然良药苦口利于病，但是，如果良药能够甜口，那不是更好吗？这就是换汤的高明之处。

　　换汤不换药，用别人容易接受的汤药，来让对方把并没有变的还是照样苦的药吃下去，是需要智慧的。

　　古代有一位国王，一天晚上做了一个梦，梦见自己满嘴的牙都掉了。于是，他就找了两位解梦的人。国王问他们："为什么我会梦见自己满口的牙全掉了呢？"第一个解梦的人说："皇上，梦的意思是，在您所有的亲属都死去以后，您才能死，一个都不剩。"皇上一听，龙颜大怒，杖打了他一百大棍。第二个解梦人则说："至高无上的皇上，梦的意思是，您将是您所有亲属当中最长寿的一位呀！"皇上听了很高兴，便拿出了一百枚金币，赏给了第二位解梦的人。

　　同样的事情，同样的内容，为什么一个会挨打，另一个却受到嘉奖呢？因为，虽然两个解梦人用的都是同一种药，但是，用来作药引子的汤却迥然不同。前者直接把苦口的药给国王吃了，国王当然大发雷霆，迁怒于他；后者用的药跟前者一样，但是，他用了可口的药引子，或者说，他给药包上了甜甜的糖衣，所以，国王开心地"吃"下去了。

在工作与生活中，总会出现一些令人意想不到的事情。因为交际双方是一种积极的参与，而非刻板、机械的迎合，所以交际情景也会不断发生变化。在种种情形中，坚持正确的原则，就是我们这里所说的"药"，但是，因地因时制宜，就是希望我们懂得如何去"换汤"。在日常生活中，我们往往会遇到需要劝阻上司、领导、老板或长辈不要做错误的事情的情形，由于对方的地位比我们要高，因此，如果希望对方"吃"下我们开出的"药"，就需要发挥我们的智慧和口才了。

战国时期，齐国有位智者名叫淳于髡。此人身高不足七尺，却巧于辞令，机智善辩，几次出使别国，从来没有被人家难倒过。

齐威王在位时，只管饮酒作乐，不理朝政。于是，上梁不正下梁歪，官吏们也开始怠工腐败，造成国家日渐衰落，诸侯屡次进犯，齐国的危亡迫在眉睫。但是，谁也不敢向齐威王进谏。幸而，齐威王听不进忠言劝告，却喜欢听隐语，也就是那种不直接说出本意，而是借助别的故事来进行暗示的劝谏。

淳于髡为国家前途担忧，他决心要巧妙地运用隐语，含蓄地批评齐威王的错误，促使他振作起来。

齐威王即位三年，没有治理过国家大事。淳于髡就用隐语说他："国中有只大鸟，栖息在大王的宫廷里，三年不飞也不叫，大王可知道这只鸟是为什么?"

齐威王立刻明白了淳于髡的意思,颇有感触,便痛下决心地说:"你知道吗,这只鸟儿不飞便罢,一飞就要直冲云霄;不鸣便罢,一鸣必定震惊世人!"

齐威王说到做到,立刻上朝,召集全国72名县长议事,当庭奖励一人,处死一人,满朝文武都受到震动。齐威王重振军威,亲领大军出征,收复了被诸侯掠去的土地,使齐国的声威盛行了36年之久。

齐威王八年(公元前349年),楚国大举进攻齐国。齐威王派淳于髡到赵国去请救兵,准备让他带着黄金百两、车马十套作为礼品。

淳于髡见了礼物后仰天大笑,笑得把头上的冠带都震断了。

齐威王问道:"先生嫌礼物少吗?"

淳于髡说:"岂敢!"

齐威王不解:"那你是笑什么呢?"

淳于髡说:"今天小臣在来的路上,看到路边有一个农夫,拿着一只猪蹄和一壶酒,对天祈祷说:'遭旱的高地粮食装满笼,受涝的洼田粮食装满车,丰收的五谷装满家。'他拿出如此少的祭品,却想得到那么多东西,所以想来好笑。"

齐威王立刻明白了他的意思,于是把礼品增加到黄金千镒,白璧十双,车马一百套。淳于髡便辞别动身,前往赵国。到赵国后,淳于髡说明来意,并奉上礼品。赵王借给他精兵十万,战车千乘。楚国得到这个消息后,连夜撤兵回国。

淳于髡出使赵国回来后,齐威王在后宫办了酒宴请他。席间,齐威王问淳于髡:"先生能饮多少酒方醉?"

淳于髡回答："饮一斗也醉，一石也醉。"

齐威王不解地问："先生饮一斗便醉，怎么能饮一石呢？"

淳于髡说："在大王面前饮酒，旁边有执法官，后边有御史，又要跪着饮酒，很受拘束，这样一斗酒便醉。若在家中接待贵客，不断起身祝酒，侍候客人，喝不到二斗也就醉了。若是遇上多时不见的好友，聚在一起，欢欢喜喜，畅叙衷情，大概喝五六斗方可醉。若是节日盛会，男女杂处一起，大家随心所欲，这样能喝个八九斗才有三分醉意，最痛快时可以喝到一石。所以说酒喝到顶就会出乱子，快乐之极就要引出悲伤来，凡事都要适度才好呀！"

齐威王听了后，连连叫好。从此齐威王戒掉了滥饮的习惯，而在王室举行的酒宴上，他都要淳于髡陪饮。

换汤不换药，是建议我们在为人处世时，在面对必须要说服但又特别难说服的"硬骨头"时，"药"还是必须用正确的"药"，坚持原则；但是，我们又一定要运用上天赋予我们的智慧，熬一碗适合对方的"汤"，使他能把我们的忠告听进去。

在生活中，往往在面对变化着的情景，尤其是仓促而至的窘境时，需要我们调动一切可以调动的语言表达手段，以达到自己想要达到的目的——让对方"吃"下我们的"药"，而明话暗说就是一种很有效的"汤"。

在人们交际过程中，一定会碰到各种各样的人。例如用文化层次的不同来分，有人是目不识丁的文盲，有人则是博学多才的教授。而知识水平不同的人，表达同样的意思，说出的话也必然会大不相同。而且，他们理解同样一句话的意思也会大不相同。俗话说"三句话不离本行",如果我们能针对各人的知识水平与知识结构而采取相应的应变方式与他们对话,必定能取得良好的效果。这就是"换汤不换药"的较高境界。

在"明话暗说"这例"汤"中,可以分两种,其一叫作"自嘲式明话暗说"。在交际中,有时会碰上因为自身的缺点或其他原因而出现的尴尬事,要是你懂得"自嘲",巧妙地"揭自己的短",反而会使自己败中求胜,树立起良好的形象。

其二是"借物说事式明话暗说"。在交际中,常常可以利用身边的实物来说明某种道理或摆脱困境,可以就某件能与话题搭得上关系的物品来进行对比,达到一种形象化的效果。

例如,《聊斋志异》的作者蒲松龄就有这样一则传说——

有一天,蒲松龄到王大官人家去做客,被众人推到上座。但是,王家的独眼管家却从下席开始斟酒,故意把蒲松龄冷落于一旁不管。而王大官人亦想故意捉弄他一番,便端起酒杯对他说:"蒲先生,喝呀!"

蒲松龄端坐不动,他笑着说:"大家先别急着喝酒,我说个笑话来给大家助助兴。我刚出门那会儿,碰到内人正用针在缝衣服,就以针为题即兴作诗一首,现在念给大家听听:'一头尖尖一头扁,扁间只有一只眼。独眼只把衣裳认,听凭主人来使唤。'"

大家听了,都转过头去看独眼管家,强忍着笑意,大声叫好。如此一来,王大官人及其管家反而落得个狼狈不堪。

蒲松龄借用针的形象,尖锐地讽刺了想为难自己的王大官人及其管家,不但保全了自己的尊严,也让捉弄自己的人"搬起石头砸了自己的脚"。

## 上智

在这则故事中，蒲松龄很好地运用了自己的智慧，让自己欲还击对方的无礼之举的"药"，用借物说事式明话暗说这一"汤"，顺利地让对方"吃"了下去，成功地"治"了"治"对方的气焰。

在生活与工作中，我们总能发现，愚蠢的人什么话都说，但什么都说不清楚；普通人说话留三分，说得清楚明白；聪明的人不是把心里的话都抖出来，而是把该说的说到嘴上，不该说的换一种方法含糊地去说。前面两种人，就是直接把苦苦的药送到别人嘴边的人，而第三种人，则是善于把药用上等好汤或甜蜜的糖衣包裹之后，才送到对方嘴边的人。

学会"换汤不换药"，除了要学会上述的"善说隐语"和"明话暗说"这两种常用的"煲靓汤秘诀"外，还得学会"含糊法"。

含糊法是运用不确定的或不精确的语言进行交际的妙法。在公关语言中运用适当的含糊语言，是一种必不可少的技巧。交际需要语言的模糊性，这听起来似乎很奇怪。但是，假如我们通过约定的方法完全消除了语言的模糊性，那么，就会使我们的语言变得非常贫乏，就会使它的交际和表达的作用受到严重的限制，而其结果就是摧毁了语言的目的，人们的交际就很难进行，因为我们用以交流的工具——语言遭到了损害。

例如，某经理在给员工做培训时说："我们企业内绝大多数的青年是好学的、要求上进的。"这里的"绝大多数"是一个尽量接近被反映对象的模糊判断，是主观对客观的一种认识，而这种认识往往带来很大的模糊性。因此，用含糊语言"绝大多数"比用精确的数字适应性强。即使在严肃的对外关系中，也需要含糊语言，如"由于众所周知的原因""不受欢迎的人"等。究竟是什么原因，为什么不受欢迎,其具体内容、不受欢迎的程度,均是模糊的。当你学会使用这些语言时,你就懂得如何更灵活地运用"换汤不换药"了。

平时,你要求别人到办公室找一个他所不认识的人,你只需要用模糊的语言说明那个人矮个儿、瘦瘦的、高鼻梁、大耳朵,便不难找到了。倘若你具体地说出他的身高、腰围的精确尺寸,他倒反而很难找到这个人。因此,我们必须在日常交际时放弃这样一种观念:"较准确"总是较好的。这也是一种对"换汤不换药"的很好解读。

学会"换汤不换药",你就能够在生活和工作中,避免把话说死,把事做绝,从而给自己留下一个很大的回旋空间。这样说话和做事既不得罪人,又可保全自身,是一种难得的大智慧。